NOTICE

SUR

LA VIE ET LES RELATIONS DE VOYAGE

DU

CAPITAINE BOSSU

PAR

Feu M. le docteur **BOURÉE**,

PRÉCÉDÉE

de NOTICES BIOGRAPHIQUES sur le docteur BOURÉE.

A CHATILLON-SUR-SEINE,

DE L'IMPRIMERIE DE F. LEBEUF.

Juillet 1852.

NOTICE

SUR

LA VIE ET LES RELATIONS DE VOYAGE

DU

CAPITAINE BOSSU

PAR

Feu M. le docteur **BOURÉE**,

PRÉCÉDÉE

de NOTICES BIOGRAPHIQUES sur le docteur BOURÉE.

À CHATILLON-SUR-SEINE,

DE L'IMPRIMERIE DE F. LEBEUF.

1852.

NOTICE BIOGRAPHIQUE

SUR

M. J.-B[TE]-HONORÉ BOURÉE,

PAR M. JULES BEAUDOUIN,

Membre de plusieurs Académies et Sociétés savantes,

Lue dans la séance du 21 avril 1852, de l'Académie des sciences, arts et belles-lettres de Dijon.

Dans les âmes faites pour la vertu, la vertu est une action naturelle qui s'accomplit sans effort, comme les autres mouvements de la vie.

DE CHATEAUBRIANT.

S'il est des hommes dont la vie simple et modeste passée dans le calme des études utiles et la pratique du bien a quelques droits à une place dans les souvenirs du pays, assurément le plus bel hommage à rendre à leur mémoire est l'exposé simple et vrai des faits qui ont rempli leur carrière. Que cette considération, quelque vifs que soient les souvenirs du cœur, guide seule ma plume dans la tâche que j'entreprends aujourd'hui de retracer aux yeux de ses concitoyens les titres que M. Bourée a acquis à leur estime et à leur juste reconnaissance.

Descendant d'une ancienne et honorable famille de Bourgogne, qui fut originaire de Bligny-sur-Ouche ([1]), M. Jean-

([1]) Voir Courtépée. *Description du duché de Bourgogne,* tome III, page 15, 1re édition. Cette famille qui a fourni, à différentes époques, plusieurs hommes distingués aux diverses administrations de la province, peut se glorifier, à juste titre, de compter parmi ses membres un savant oratorien, Edme-Bernard Bourée, qui a publié de nombreux ouvrages sur des sujets variés de théologie. (Voir Papillon, *bibliothèque des auteurs de Bourgogne.)*

Ses armes, figurées dans l'*Armorial général de Bourgogne* et maintenues, en 1698, à Pierre Bourée, avocat à la Cour, greffier en chef des eaux et forêts de Dijon, sont *d'azur à la fasce d'or, accompagné de deux têtes de bélier d'argent en chef; un grelot ou sonnettes d'argent en pointe.*

Baptiste-Honoré Bourée naquit à Flavigny (Côte-d'Or), et fut l'aîné de sept enfants.

Il entra, en 1790, à l'école nationale de Nanterre, près Paris, où il fit ses études sous la direction du chevalier Pollet qui, tout en donnant à ses élèves l'instruction nécessaire, s'appliquait particulièrement à découvrir en eux les dispositions naturelles qu'ils pouvaient annoncer. Ce fut sans doute à cette sollicitude toute paternelle du maître que l'élève dut les principes de saine littérature qui caractérisèrent par la suite ses écrits.

A sa sortie de cette école, qui paraît avoir eu quelque réputation, il dut aborder les études professionnelles : il fut alors envoyé à Paris, pour suivre les cours de droit, par son père, M. Nicolas Bourée de Poncey, qui lui-même avait appartenu à la Cour des Comptes de Bourgogne. Ce fut sous le professeur Pigeaut, l'auteur du *Cours de Procédure*, que le jeune étudiant aborda les éléments d'une science pour laquelle, il faut le dire, il ne se sentait aucune disposition. Aussi, après une année qu'on peut appeler d'essai, l'abandonna-t-il pour se livrer à des travaux plus conformes à ses goûts. Mais, quoique par la suite il eût peu d'occasions de tirer quelque utilité des connaissances premières qu'il avait acquises sur le droit, néanmoins, cette année qu'il y avait consacrée fut loin d'être perdue pour lui ; car, dans les moments dont il avait pu disposer, il s'était occupé avec ardeur de littérature et d'histoire, cherchant ainsi à compléter les éléments d'instruction qu'il avait puisés à l'école de Nanterre.

Cependant, libre désormais de choisir une carrière, il se livra immédiatement à l'étude de la médecine, science qui devait offrir à son esprit attentif et avide de connaître un sujet continuel d'observations. Il étudia d'abord à Paris, où son ardeur pour le travail le mit bientôt à même d'être reçu, tout jeune encore, chirurgien interne à l'Hôtel-Dieu. Mais les théories patronées alors par cette école ne pouvaient satisfaire entièrement ses idées empreintes d'une philosophie religieuse qui était le fond de son éducation première. L'école de Montpellier, au contraire, qui, en repoussant les fausses applications de la physique et de la chimie à la science de l'homme, posait ainsi les bases de cette philosophie médicale, qui étudie les lois de la vie dans les êtres seuls qui la possèdent, devait naturellement avoir toutes les sympathies du jeune élève : il avait d'ailleurs à cœur d'étudier dans une école qui tenait à juste titre le premier rang parmi les facultés de l'Europe. Ce fut donc avec joie qu'il se rendit à Montpellier pour compléter ce qu'il pensait manquer aux études qu'il avait faites jusqu'alors. Loin cependant de s'abandonner à ce qu'il y a d'exclusif dans un système, il sut, par un sage éclectisme, puiser, dans l'une et l'autre école, ce que son esprit juste et pénétrant lui indiquait d'utile; se préparant ainsi pour l'avenir, dans la pratique médicale, des succès qui ne devaient pas lui faire défaut. Il voulut aussi, par déférence pour une école dont il avait plus particulièrement adopté les idées, lui présenter sa thèse inaugurale et la soutenir devant elle. Il est presque inutile de dire qu'il le fit d'une manière brillante et qu'il fut reçu docteur avec les plus grands éloges. Néanmoins, pour faire apprécier tout le mérite dont M. Bourée faisait déjà preuve, je ne puis mieux faire que de citer textuellement un passage d'une lettre que le professeur Réné, directeur de l'école, adressait spontanément à son père, le 26 nivose an XII : « *Je viens vous faire*, écrivait-il, *mon sincère compliment au sujet de la manière distinguée avec laquelle M. votre fils a terminé sa carrière scolastique : il m'avait fait l'honneur de me dédier sa dissertation à laquelle j'ai présidé; tous les professeurs à l'envi en ont fait l'éloge le plus justement mérité.* »

Il est toutefois juste de dire que cette thèse [1], travail assez étendu que je ne saurais d'ailleurs apprécier sous le rapport médical, est du moins remarquable par l'abondance et la justesse des citations qui annoncent déjà chez l'auteur des lectures nombreuses et variées. Du reste, cette bonne opinion sur le mérite du jeune docteur, si franchement exprimée par un professeur recommandable, fut presque en même temps confirmée d'une manière également flatteuse par le diplôme de membre de la Société Médicale de Montpellier, qui lui fut accordé dans le cours de la même année.

Ses études médicales terminées, M. Bourée voulut faire un voyage avant de rentrer dans son pays natal où il avait l'intention d'exercer la médecine. Il choisit le midi de la France qu'il parcourut, le sac sur le dos, non pas en touriste, s'efforçant de tromper des ennuis, mais en savant qui cherche des sujets d'instruction dans tout ce qu'il rencontre. C'est ainsi que, tout en étudiant l'archéologie par les monuments qu'il visitait, il sut recueillir un nombre considérable de plantes qui, jointes à celles que lui fournit par la suite l'arrondissement de Châtillon, formèrent un herbier magnifique qu'il a classé avec le plus grand soin.

Après ce voyage, dont il sut tirer un utile profit, pour son instruction, il rentra à Flavigny où il ne tarda pas à se concilier l'estime et l'affection de tous. Il y fut, dès la première année de son début, nommé médecin pour la vaccine et, très-peu de temps après, l'autorité lui confia les importantes fonc-

[1] *Essai sur l'Apoplexie*, in-4°. Montpellier, an XII.

tions de médecin de l'hospice d'Alise, emploi dont il s'acquitta avec un zèle et un talent qui lui valurent les éloges les mieux mérités. Bientôt cependant, appelé par son mariage à Châtillon-sur-Seine, il dut quitter son pays natal après un séjour de quelques années seulement ; mais ce ne fut pas sans y laisser de vifs regrets et un souvenir des plus durables. En effet, cet esprit de conciliation, cette bienveillance, cette exactitude dans l'accomplissement de ses devoirs, qu'on avait déjà pu apprécier en lui, dictèrent aux administrateurs de l'hospice de Sainte-Reine une lettre touchante qu'ils adressèrent à M. Bourée, au nom des pauvres de cet établissement, lettre écrite avec la mémoire du cœur et qui fut avec raison, pour celui qui en était l'objet, un titre précieux qu'il a toujours religieusement conservé.

Ce fut en 1808 que M. Bourée vint se fixer à Châtillon, où il s'allia à une estimable famille du pays, qui comptait déjà parmi ses membres un homme remarquable, Robert Jolly, avocat du roi, auteur de plusieurs ouvrages estimés [1]. Depuis cette époque, M. Bourée exerça constamment la médecine dans cette ville qui fut dès lors pour lui son pays d'adoption, justifiant en tout point les brillantes espérances qu'il avait fait naître, lorsqu'il terminait ses études et débutait dans la pratique. Dévoué à sa profession, il avait toutes les qualités qui font le bon médecin ; visitant le pauvre et le riche avec la même sollicitude, il avait, pour l'un comme pour l'autre, des soins assidus, des attentions bienveillantes. Plus d'un, parmi ses malades peu favorisés de la fortune, se rappellent encore, dans leur cœur reconnaissant, les procédés discrets de bienfaisance qui lui étaient familiers. Sa bonté appelant la confiance, non moins que ses lumières, pour beaucoup il n'était pas seulement le médecin du malade, mais encore l'ami de la maison, l'ami sûr et dévoué dont la présence était toujours désirée.

Les qualités éminentes qui distinguaient M. Bourée le désignèrent naturellement à l'administration, lorsqu'il s'agit de pourvoir aux divers emplois publics du ressort de sa profession. C'est ainsi qu'en 1814 il fut nommé médecin de l'hospice de la ville ; en 1817, médecin des prisons ; en 1818, conservateur du dépôt de vaccin ; en 1822, médecin des épidémies pour l'arrondissement de Châtillon, place importante dans laquelle il fut confirmé en 1836. Ces différentes fonctions ne furent pas pour M. Bourée de vains titres susceptibles de flatter l'amour-propre ; car chacun a pu apprécier avec quel zèle scrupuleux il a rempli jusqu'à la fin les devoirs qu'il s'était

(1) Voir Courtépée, *Description du duché de Bourgogne*, tome VI, page 419, 1re édition.

imposés en les acceptant. Les malades de l'hospice et de la prison ont toujours rencontré en lui ces principes d'humanité, qui souvent trouvaient moyen d'adoucir leur position. Zélé propagateur de la vaccine, il fit pour cette cause, qu'il sut servir utilement, de nombreuses courses dont il voulut toujours s'acquitter régulièrement, quelque fatigantes et pénibles qu'elles soient devenues pour lui dans les dernières années de sa vie. Les services qu'il rendit, dès le principe, dans cette partie de ses fonctions publiques, furent justement appréciés par l'autorité qui lui décerna, à ce sujet, une médaille d'argent en 1826. Parlerai-je de la manière dont il comprit sa tâche de médecin des épidémies? Ici encore on retrouve l'homme dévoué et esclave du devoir, dont le zèle ne peut se ralentir. Toujours à son poste dans les circonstances difficiles, il suivit pas à pas la marche du choléra, lors de sa première invasion; organisant, tout en visitant ses malades, le service médical dont il était chargé. Médecin philosophe et observateur, il voulut, lui aussi, apporter son contingent de lumières à la solution d'une grave question qui intéresse l'humanité entière : il recueillit partout, et au chevet des malades, un grand nombre d'observations qu'il rédigea avec soin et qui le mirent à même de publier un remarquable mémoire sur l'*histoire du Choléra dans l'arrondissement de Châtillon*. Ce beau travail, qui montre avec quel soin l'auteur suivit le fléau dans sa marche et dans les diverses phases de son développement, fut accueilli avec empressement par la Société Médicale de Dijon, qui l'inséra, avec les éloges les plus flatteurs, dans les mémoires qu'elle publiait (1). Du reste, ce corps savant, appréciant le mérite de M. Bourée, l'avait déjà, dès 1832, associé à ses travaux en qualité de membre non résident. En 1849, lors de la seconde apparition du fléau, M. Bourée ne montra pas moins d'abnégation et de dévouement qu'il en avait montré en 1832; il ne voulut pas rester au-dessous de sa tâche, et le mauvais état de sa santé, qui exigeait alors beaucoup de ménagements, ne put ralentir son zèle : il crut de son devoir de se dévouer, comme par le passé, au soulagement des malades. Les localités atteintes, et surtout le canton de Laignes qui fut le plus cruellement éprouvé, ont pu apprécier toute la sollicitude avec laquelle, cette fois encore, il s'acquittait de la mission qui lui était confiée : l'un de ses confrères, qui en fut particulièrement témoin, l'exprimait tout dernièrement dans une lettre, où il se plaisait à rendre le plus bel hommage aux éminentes qualités du médecin dont il avait partagé la tâche.

(1) *Précis analytique des travaux de la Société médicale de Dijon pour l'année* 1833, in-8°. Dijon, 1837.

J'ajouterai que M. Bourée a recueilli sur cette seconde invasion du choléra beaucoup de notes et d'observations, que sa santé devenue mauvaise l'a empêché de mettre en ordre et de publier.

Mais, outre les diverses fonctions médicales dont M. Bourée fut investi, il remplit pendant longtemps celles de président du comité d'hygiène et de salubrité pour l'arrondissement de Châtillon. Il en suivit toujours les utiles délibérations avec le plus grand intérêt et y apporta, comme partout, les lumières qu'on était en droit d'attendre de lui. C'était naturellement à sa plume, qui ne lui fit jamais défaut, que le comité avait recours pour rédiger les instructions qu'il croyait quelquefois important de publier. En 1832, il présenta à ce comité un intéressant mémoire, touchant l'insalubrité des lieux de sépulture (1), qu'il fit imprimer sur les sollicitations même des membres qui surent en apprécier toute l'utilité pratique. Dès 1820, il avait, dans un but d'intérêt public, produit, dans la *feuille hebdomadaire de Châtillon*, plusieurs articles d'hygiène et de médecine populaire; et, parmi les manuscrits qu'il a laissés, se trouve une *description physico-médicale de l'arrondissement de Châtillon,* qu'il se proposait probablement de publier aussi, mais qui ne paraît pas être complétement achevée.

Toutefois, les différents services dont il vient d'être question ne sont pas les seuls que M. Bourée ait rendus au pays; car il ne devait rester étranger à aucune occasion de lui être utile. L'un des membres fondateurs du comité d'agriculture de l'arrondissement de Châtillon, il en fut, dès le principe, et pendant longtemps secrétaire. Il sut toujours, et en toutes occasions, seconder et soutenir cette institution naissante dont il comprenait toute l'importance pour le pays. Les rapports qu'il était chargé de faire au comité sont remarquables par l'intelligence avec laquelle il saisissait le côté utile et pratique d'un art dans lequel il se disait *moins versé qu'aucun de ses collègues, mais pour lequel il était animé d'un zèle égal.* Ses lumières, non moins que son dévouement aux intérêts du comité, le firent bientôt nommer vice-président; et, enfin, lorsque sa santé affaiblie ne lui permit plus de prendre une part active à leurs travaux, ses collègues, par un sentiment de justice, lui conférèrent à l'unanimité le titre de président honoraire.

Nommé membre du Conseil Municipal en 1815, il fut deux

(1) *Considérations sur l'insalubrité des lieux de sépulture dans les communes rurales en général, particulièrement dans celles de l'arrondissement de Châtillon-sur-Seine (Côte-d'Or) et sur quelques abus relatifs aux inhumations.* In-8°. Châtillon-sur-Seine, 1832.

ans après choisi pour adjoint et remplit, pendant plusieurs mois, les fonctions de maire provisoire. Mais, voyant que le peu de temps dont il pouvait disposer était insuffisant pour s'en acquitter comme il l'aurait désiré, il donna sa démission. Néanmoins, il rentra, en 1823, au Conseil Municipal où il continua à siéger jusque dans les dernières années de sa vie, et fit partie, en 1818, du Conseil d'Arrondissement. En outre, il fut successivement nommé : en 1819, membre de la Commission des prisons, et, la même année, bibliothécaire de la ville ; en 1823, membre du Conseil de charité pour l'hospice et le Bureau de bienfaisance, et, en 1828, membre du Comité d'instruction primaire.

M. Bourée apporta toujours, dans ces différentes fonctions, son contingent de lumières avec ce jugement sain et solide qui le caractérisait; et, bien qu'il ait fait preuve en toutes occasions d'un dévouement sans bornes, je ne saurais cependant ne pas revenir sur la manière distinguée dont il s'acquitta de sa tâche de bibliothécaire; car c'est une gloire de cette vie modeste qui fut entièrement consacrée au bien et à l'utile.

Lorsqu'on connaîtra l'érudition étendue et variée que M. Bourée joignait à ce dévouement, on comprendra sans peine que l'administration fut heureuse de rencontrer un tel homme pour lui donner la conservation des collections bibliographiques de la ville. Nommé bibliothécaire dès 1819, ainsi que je l'ai dit, il ne cessa, depuis cette époque jusqu'à sa mort, de donner à ce précieux dépôt tous les soins dont il était susceptible. Ce fut, en effet, une bonne fortune inappréciable pour la ville de trouver un savant aussi apte aux fonctions qu'elle lui avait confiées; car M. Bourée n'était pas seulement le bibliothécaire dont la mémoire retient fidèlement le classement méthodique des ouvrages, c'était l'homme érudit qu'on a souvent besoin de consulter plus que les livres sur les recherches qu'on peut avoir à faire, c'était l'homme obligeant et aimable qu'on aime à rencontrer dans les bibliothèques publiques et qui laisse toujours un souvenir agréable aussi bien chez l'étranger qui les visite que chez l'habitué qui les fréquente.

Cette bibliothèque, qui était confiée aux soins de M. Bourée, se trouvait, au moment où il en prit l'administration, dans un état déplorable, résultat des nombreuses vicissitudes qu'elle avait eu à traverser; mais elle entra bientôt entre ses mains dans une voie de prospérité qui ne fit que s'accroître par la suite et de cet amas confus de volumes, provenant de quelques bibliothèques abbatiales, sortit, avec le temps, le riche établissement qui est aujourd'hui l'un des plus utiles et des plus beaux ornements de la ville. Du reste, il faut le dire, ce n'est pas sans peines et sans travail qu'au moyen de la faible somme de 300 francs annuellement accordée par le conseil municipal à la bibliothèque publique, M. Bourée parvint, tout en acquittant les frais nécessaires de conservation et d'entretien, à l'augmenter d'une manière tellement sensible que du chiffre de 5,083 volumes qu'elle possédait de 1812 à 1818, époque à laquelle elle lui fut confiée, il l'éleva à celui de 8,430 qu'elle possède aujourd'hui. Mais aussi, pour arriver à un tel résultat, il fallait à M. Bourée des qualités qui ne s'acquièrent pas : l'amour des livres et un dévouement actif et persistant [1]. C'est, en effet, à ces qualités que possédait surtout son bibliothécaire que la ville dut de pouvoir s'enrichir d'ouvrages magnifiques auxquels ses faibles ressources ne lui permettaient pas d'atteindre, et d'avoir une aussi large part dans les distributions d'ouvrages faites par les ministères aux établissements publics. Il est néanmoins juste de dire que M. Bourée fut en ceci puissamment secondé par un compatriote dévoué et obligeant qui s'est toujours trouvé heureux de pouvoir être utile aux intérêts de sa ville natale. M. Bourée ne se contentait pas non plus d'apporter le plus grand soin dans le choix des ouvrages qu'il était chargé d'acheter ; il savait encore trouver les occasions favorables pour un marché avantageux ; ainsi, dans ses voyages à Paris, il employait une grande partie de son temps à passer en revue les étalages des libraires et ne revenait jamais sans avoir profité de quelque bonne occasion, et surtout faisant toujours passer les intérêts de l'établissement public avant ceux de sa bibliothèque privée. Il voulut aussi, comme pour résumer son œuvre, rédiger un catalogue clair et méthodique de tous les ouvrages qu'il avait classés et mis en ordre. Il est inutile de dire qu'il apporta ses soins ordinaires à ce travail important qui lui demanda beaucoup de temps et de recherches et qu'il enrichit d'une intéressante notice historique sur la bibliothèque elle-même.

Cependant, quoique s'occupant spécialement des livres, M. Bourée, l'esprit toujours tourné vers l'utile, comprenait de quel intérêt pouvait être pour la ville un Musée d'histoire naturelle. Il tenta donc de réaliser la pensée heureuse de cette nouvelle création et s'efforça, par tous les moyens en son pouvoir, d'arriver à son but. Il forma ainsi un noyau qui se gros-

[1] Dès 1829, M. Buchon, inspectant les Bibliothèques des départements, disait dans son rapport, en parlant du bibliothécaire de Châtillon, à la sollicitude duquel il voulait rendre justice : « *Un habile médecin de la ville a bien voulu se charger gratuitement des fonctions de conservateur, qu'il exerce avec non moins de régularité et de ponctualité que s'il y était obligé par un traitement.....* »

sit chaque jour et qui, avec le temps, finira par offrir de précieuses ressources à la jeunesse studieuse de la localité. Il désirait également collectionner tout ce qui est relatif à l'archéologie de l'arrondissement de Châtillon, dans la pensée d'amasser des matériaux propres à faire connaître son histoire. C'est ainsi qu'il réunit les précieux débris d'antiquité qui ornent aujourd'hui le local de la Bibliothèque publique, et qui, par leur importance, peuvent déjà donner une idée de tout l'intérêt que doivent présenter de semblables collections. Mais aussi il faut dire qu'il savait découvrir avec habileté ce qu'il recherchait, et provoquer les dons avec cette insistance aimable, mais discrète, qui ne rencontre jamais de refus ; il faut dire aussi que, dans cette pensée d'intérêt public, il fut aidé heureusement par plusieurs personnes, à la tête desquelles la reconnaissance du pays doit placer une femme qui sait l'honorer par les qualités les plus éminentes du cœur et de l'esprit.

Ce n'était pas assez pour M. Bourée de réaliser ces heureuses innovations dans l'établissement qu'il administrait : sous l'inspiration des beaux sentiments dont il était animé, il s'imposa encore la noble tâche d'acquitter le pays envers ceux de ses enfants qui lui ont fait le plus d'honneur. Il eût cru, en effet, son œuvre inachevée, s'il n'avait pu orner la belle salle de la Bibliothèque des portraits de tous les Châtillonnais qui, à quelque titre que ce soit, ont bien mérité du pays. Il se livra ardemment à ce nouveau travail, et, si quelques portraits manquent dans cette intéressante galerie, c'est qu'ils n'ont jamais existé, car ils n'eussent pu échapper aux nombreuses et patientes investigations de M. Bourée. Il fut néanmoins assez heureux pour faire connaître à ses compatriotes des noms qu'ils ne doivent pas oublier. et, tout dernièrement encore, dans la maladie qui l'a enlevé, lorsque les souffrances lui permettaient le travail, il s'occupait à terminer la biographie d'un voyageur peu connu dans son pays, quoique célèbre à plus d'un titre. Il a apporté dans ce dernier travail [1], qui d'ailleurs est assez étendu, tous ses soins et toute son érudition ; car ce n'est pas seulement une biographie, c'est encore un abrégé critique des voyages publiés par l'auteur qu'il a entrepris de nous faire apprécier.

Enfin, si cette riche collection de livres et d'objets précieux est devenue un établissement modèle, pouvant rivaliser avec les bibliothèques les mieux tenues des grandes villes, il est de toute justice de le dire, c'est à M. Bourée qu'on le doit. En effet, rien ne lui a coûté pour obtenir ce beau résultat : travail, peines, fatigues, sacrifices pécuniaires, il fut prêt à tout, n'en-

[1] *Notice sur la vie et les relations de voyage du capitaine Bossu.*

visageant que son but : l'intérêt de cette bibliothèque qui, objet constant de ses soins, fut toujours présente à son esprit ; car, jusqu'à ses derniers moments, il se préoccupait encore de l'avenir de son œuvre.

Je ne saurais donc trop insister sur la reconnaissance que la ville de Châtillon doit à M. Bourée ; car il lui a fallu, dans l'accomplissement de sa tâche, outre les qualités qui le distinguaient, une patience persévérante et un dévouement à toute épreuve, dont il eut grand besoin pour atteindre le but qu'il s'était proposé. Mais, je me hâte de le dire, la ville a été et sera reconnaissante : elle l'a été en donnant à la rue qu'il habitait le nom du docteur Bourée ; elle le sera en attachant à sa Bibliothèque ce nom qui doit en être désormais inséparable (1).

Après avoir énuméré les nombreuses améliorations dont M. Bourée dota l'établissement qui lui était confié, je suis naturellement conduit à parler de cette vaste érudition qui le mit à même de rendre d'aussi éminents services dans ses fonctions de bibliothécaire. C'est qu'en effet, il n'était pas seulement un médecin habile, un administrateur dévoué ; il était encore un savant érudit, possédant des connaissances étendues et spéciales sur plusieurs branches des sciences et des lettres. Il avait, malgré ses occupations, trouvé le temps de lire et de méditer un nombre incalculable d'ouvrages, ainsi qu'en font foi beaucoup de volumes de sa bibliothèque privée (2), par les notes critiques qu'il y inscrivait de sa main et par les nombreux signets qu'ils portent presque tous. Mais, bien pénétré de cette maxime du sage: qu'*aucun livre n'est assez mauvais pour qu'on ne puisse en retirer quelque chose de bon,* il avait su extraire de ceux qu'il avait lus tout ce qu'un discernement intelligent lui signalait d'utile. Secondé aussi par une mémoire heureuse, M. Bourée n'avait rien oublié de ses nombreuses lectures ; il pouvait toujours retrouver dans les divers auteurs les passages dont il avait besoin et mettait obligeamment ce savoir étendu à la disposition

(1) Dans un article nécrologique publié dans le journal le *Châtillonnais et l'Auxois* du 8 janvier dernier, j'exprimais le vœu que le nom de M. Bourée fût donné à l'établissement qu'il a pour ainsi dire créé. Bien que, depuis, le conseil municipal, par une délibération qui lui fait honneur, ait donné, ainsi que je viens de le dire, le nom du docteur Bourée à la rue qu'il habitait, je me permettrai cependant d'insister sur ce vœu qui s'est trouvé favorablement accueilli du public, d'autant plus qu'en ceci Châtillon ne ferait qu'agir, ainsi que beaucoup d'autres villes l'ont fait dans des circonstances analogues.

(2) M. Bourée laisse une nombreuse et belle bibliothèque qu'il s'était formée lui-même : la nature et la variété des ouvrages, parmi lesquels quelques raretés bibliographiques, viennent attester les connaissances et le bon goût qui avaient présidé au choix des auteurs qui la composent.

de tous ceux qui le consultaient. Profondément versé dans les sciences historiques, non-seulement il en connaissait les moindres détails qu'il avait fidèlement retenus, mais il savait apprécier d'un point de vue élevé les évènements divers qui ont successivement traversé l'existence des nations. Aussi ses divers écrits renferment-ils un grand nombre d'aperçus philosophiques qui frappent autant par leur justesse que par leur élévation de pensée. Philosophe, mais philosophe chrétien, il aimait à suivre l'influence des doctrines diverses sur les idées et les destinées des peuples : il appréciait surtout cette civilisation chrétienne, *sans laquelle*, avance-t-il quelque part [1], *quoi qu'en ait dit une philosophie railleuse, il n'y eût point eu de stabilité et moins encore de progrès dans la vie sociale des peuples modernes.*

Aux études historiques venait naturellement se joindre chez M. Bourée une science qui est intimement liée à l'histoire et qui eut toujours pour lui, même dès sa jeunesse, un attrait irrésistible, je veux dire l'Archéologie. En effet, si les lieux, par les souvenirs qu'ils rappellent ou par les conditions que la nature leur a faites, peuvent quelquefois influer sur la direction d'esprit de certains hommes, on ne devra pas s'étonner que le voisinage d'Alise, cette fameuse cité des Gaules, par la vue fréquente de ses ruines historiques, n'ait développé chez M. Bourée, tout jeune encore, cette curiosité bien naturelle à un esprit déjà avide d'instruction. Mais, quoique cultivant l'archéologie avec un zèle plein d'ardeur, il n'y voyait pas, comme beaucoup, un simple passe-temps, un délassement agréable de l'esprit : c'était pour lui une étude plus sérieuse. Dans les débris antiques qu'il collectionnait, il voyait autre chose que des objets propres seulement à orner un cabinet : c'était pour lui un moyen d'études philosophiques ; il cherchait à y retrouver les traces de mœurs, d'habitudes, de civilisations éteintes et aimait à comparer ainsi, pour en tirer d'utiles renseignements, les temps passés aux époques présentes. Ces études sérieuses l'avaient mis à même de composer plusieurs mémoires intéressants qui se font remarquer par une clarté et une simplicité de bon sens, laissant peu de place aux écarts de l'imagination si fréquents dans les ouvrages qui traitent de ces matières.

Parmi les travaux d'archéologie dont il est auteur, on peut citer :

1° Un *Mémoire sur une tombelle ou motte funéraire, décou-*

(1) *Voyage dans les départements de la Côte-d'Or, de Saône-et-Loire et du Rhône.* — Lettre XIVe. — Manuscrit, 1844.

verte à Cerilly, près Châtillon. Ce travail est analysé dans les comptes-rendus de l'Académie de Dijon. Année 1826.

2° Une *Notice sur une inscription antique de Châtillon-sur-Seine* ([1]), qui est également analysée dans les comptes-rendus pour les années 1828 et 1829 de la même Académie.

3° Une *Notice sur quelques objets d'antiquité trouvés à Châtillon en* 1846 ; travail adressé à la Commission des Antiquités de la Côte-d'Or et dont le double est déposé dans la bibliothèque de la ville de Châtillon.

4° Un *Mémoire sur quelques objets d'origine gallo-romaine, découverts près de Châtillon-sur-Seine;* ouvrage lu tout récemment à la même Compagnie.

Outre ces mémoires, dans lesquels on reconnaît ce jugement sain qui le guidait toujours, M. Bourée a publié, en 1820, dans la *Feuille hebdomadaire de Châtillon,* plusieurs articles intéressants sur l'histoire du Châtillonnais, ainsi que des notices biographiques sur quelques hommes du pays. Il a laissé de plus beaucoup de matériaux sur différents sujets d'archéologie ou d'histoire, parmi lesquels de nombreuses notes sur l'art de la guerre au moyen-âge sembleraient indiquer qu'il eut l'idée de composer un travail sur cette matière importante.

Mais c'était surtout ce qui a trait à l'histoire locale qui était l'objet de ses recherches : il avait depuis longtemps pris soin de recueillir tout ce que des fouilles ou des hasards heureux l'avaient mis à même de rencontrer et conservait sur chaque objet des renseignements utiles qui en doublent la valeur. C'était d'ailleurs naturellement à lui qu'on apportait les différentes pièces d'antiquité que chaque jour faisait découvrir : il se composa par ce moyen un superbe cabinet d'objets intéressants qu'il sauva ainsi de l'oubli et de la destruction. Parmi ces collections, figure en première ligne un riche médailler, fruit de ses recherches patientes et aussi de ses études; car je ne dois pas omettre de dire que M. Bourée était profondément versé dans la numismatique, l'une des branches importantes de l'archéologie.

Les manuscrits et les livres traitant de l'histoire du pays ne furent pas pour lui l'objet d'une moindre sollicitude. Ce fut lui qui recueillit, pièce par pièce, ce qu'on connaît aujourd'hui des manuscrits de l'avocat Delamothe, qui avait entrepris l'histoire de Châtillon. Ce qu'il lui fallut de patience persévérante pour réunir ces feuilles volantes, disséminées de

([1]) Cette inscription, seul débris d'origine romaine qu'on possède, provenant de Châtillon même, est aujourd'hui, par les soins de M. Bourée et la générosité du donateur, déposée dans le local de la bibliothèque de la ville.

tous côtés, nul ne saurait le dire ; l'amour seul de la science et du pays pouvait le guider dans une semblable tâche.

Il est rare qu'un érudit qui se livre avec ardeur aux études archéologiques ne soit pas en même temps plus ou moins bibliophile. M. Bourée possédait en effet cette connaissance des livres, qui est devenue aujourd'hui une véritable science. Il s'était, à ce sujet, naturellement mis en rapport avec un homme remarquable, M. Peignot, qui était lui-même une autorité en cette matière, et qu'il compta par la suite au nombre de ses meilleurs amis. Il contribua, lui aussi, à augmenter le nombre des ouvrages rares en publiant, en 1832, un petit volume (1), aujourd'hui très-recherché des bibliophiles. C'est un poème en patois bourguignon d'Aimé Piron, intitulé : *L'Evaireman de lai Peste*. M. Bourée l'accompagna d'une introduction et de notes philologiques très-estimées, qui en font un ouvrage utile pour les études de linguistique. Connaissant à fond le patois bourguignon, dont l'originalité avait pour lui beaucoup de charme, il était parfaitement à même de mener à bien un travail de ce genre qui exige des connaissances tout-à-fait spéciales. Cette publication l'avait avantageusement fait connaître de M. Amanton, l'un de ceux qui, sans contredit, possédaient le mieux, parmi nos modernes, la langue de nos pères. Ce dernier d'ailleurs, qui avait pu apprécier le mérite de son travail, adressa à M. Bourée, en patois bourguignon, quelques lettres intéressantes, qui figureraient avec avantage dans un recueil de pièces écrites en cet idiôme.

Cependant, quoique écrits dans de bonnes conditions de style, les différents ouvrages que j'ai eu occasion de mentionner jusqu'ici ne peuvent pas faire suffisamment connaître M. Bourée sous le rapport purement littéraire : d'autres travaux, dont il me reste à parler, viennent mettre en lumière ce style pur, correct, élégant, qui le fait lire avec tant de plaisir, et qu'il savait approprier aux sujets les plus divers : je dois citer tout d'abord son *Voyage dans les départements de la Côte-d'Or, de Saône-et-Loire et du Rhône* (2). Il écrivit, sous forme de lettres, cette intéressante pérégrination qu'il exécuta dans l'été de 1844. Ces pages, d'une lecture attachante et instructive, peuvent donner un échantillon de la manière simple et facile avec laquelle l'auteur savait écrire. Elles renferment en outre, sur les localités qu'il a visitées, de nombreux aperçus historiques qui en font un véritable ouvrage d'histoire et d'archéo-

(1) *L'Evaireman de lai Peste*. In-8°. Châtillon-sur-Seine, 1832. — Tiré à très-petit nombre.

(2) Ce voyage qui comprend 22 lettres est resté manuscrit.

logie. Vient ensuite une autre œuvre importante sous plus d'un rapport : c'est une traduction française d'un ouvrage italien justement renommé, *la Coltivazione*, poème en six livres, publié en 1546, par Louis Alamanni [1]. Cet ouvrage, d'une poésie élégante et facile et qui donne, en bons vers, différents préceptes d'agriculture répandus dans les auteurs latins, ainsi que certains procédés particuliers à l'Italie, offrait à M. Bourée l'occasion d'utiliser, non-seulement les études qu'il avait faites sur la langue italienne, mais encore les connaissances qu'il possédait sur l'agriculture des anciens et sur les auteurs qui en ont traité. La traduction de M. Bourée [2], la première et peut-être la seule qui existe, reproduit le style agréable de l'original et se trouve enrichie de nombreuses notes littéraires, historiques et scientifiques d'une valeur incontestable.

Outre les qualités du style, M. Bourée possédait le secret de donner de l'intérêt aux sujets qui en paraissent le moins susceptibles : il savait aussi bien conter avec agrément que trouver les termes les plus propres à rendre sa pensée. Quoiqu'ayant plus particulièrement cultivé la prose, il était loin cependant d'avoir négligé la poésie : il aimait les vers, il les appréciait et savait surtout les bien lire. Lui-même avait quelque peu cédé au désir d'en faire, et ses essais en ce genre prouvent qu'il aurait pu s'y livrer avec quelques succès. On trouve, au milieu de pièces signées de noms célèbres, quelques épigrammes dues à sa plume, dans un recueil publié en 1817, sous le titre de : *Acanthologie ou dictionnaire épigrammatique.* Il avait, en effet, dans sa jeunesse, étudié la poésie et, pendant son séjour à Paris, s'était, à cette occasion, lié avec le poète Lebrun, chez lequel il avait aussi connu Ducis.

Ces différentes productions que la science, l'histoire et la littérature durent à la plume élégante et facile de M. Bourée, si elles ne furent pas bien connues du public par suite de la trop grande modestie de leur auteur, au moins furent-elles justement appréciées de beaucoup de corps savants qui s'empressèrent de l'associer à leurs travaux. Appartenant depuis longtemps à la société nationale des Antiquaires de France, à l'Académie de Dijon, à la Commission des Antiquités de la Côte-d'Or, à la Société Eduenne d'Autun, à la Société Archéologique de Langres, il faisait également partie de la célèbre Société de Genève et venait d'être incorporé dans celle des Sciences historiques et naturelles de l'Yonne, ainsi que dans celle de Sphragistique de création tout-à-fait récente. Belle et noble mission

[1] Ce poète, Florentin d'origine, eut deux fils dont l'un mourut en 1581, évêque de Mâcon.

[2] Cette traduction, qui est complète, est restée à l'état de manuscrit.

que celle de ces corps savants qui servent la société en appelant à eux, comme à un centre commun de lumières, les hommes de mérite qu'une extrême réserve en tient trop éloignés !

Toutefois, si M. Bourée était recommandable par les qualités de l'esprit, il ne l'était pas moins par celles du cœur : il eut toujours et partout ce désir de faire le bien, qui distingue le véritable sage et lui attire le respect qui lui est dû. C'était pour lui un plaisir de rendre des services qu'il oubliait aussitôt, sans jamais oublier ceux qu'il pouvait avoir reçus. Sa carrière médicale lui offrit bien des fois l'occasion de suivre les impulsions généreuses de son cœur, et parmi les bonnes actions dont sa modestie l'empêchait de parler, beaucoup seraient restées ignorées sans la reconnaissance de ceux à qui elles ont profité. Dès sa jeunesse, il donnait des preuves de cette bonté de cœur qui ne l'abandonna jamais et dont ses amis ont toujours conservé un touchant souvenir. C'est ainsi qu'un homme de talent, un ami dévoué, M. Lucas de Montigny (1), avec lequel il n'avait cessé d'entretenir d'affectueuses relations, n'avait jamais oublié ce que, bien jeune encore, M. Bourée avait fait pour lui. Tout dernièrement, dans une lettre, où il exprimait les regrets douloureux que lui inspirait la mort de son ami, M. Lucas de Montigny se plaisait à rappeler combien il lui devait de reconnaissance : « *En effet,* écrivait-il, *il m'avait trouvé, dans mon jeune âge de 16 ans, tel que le sort m'avait fait, sans pain, sans instruction, même élémentaire, sans famille, sans direction, sans appui ; il contribua fortement, dès 1788, à m'inspirer le goût du travail, qui répare tout, l'émulation courageuse qui atteint tout, l'aversion de la mauvaise société et l'attrait de la bonne dans laquelle il m'aida à pénétrer avec lui.* » Elan généreux d'un cœur reconnaissant qui, après plus de 60 années, n'avait pas oublié le bienfait reçu ! Noble inspiration qui fait autant d'honneur à l'homme qui l'exprime qu'à celui qui en est l'objet !

Ce fut cette excessive bonté qui concilia à M. Bourée un si grand nombre d'amis : elle lui était tellement naturelle que ses moindres actes en portaient l'empreinte et qu'elle se décélait même dans les sons de sa voix qu'on ne peut appeler qu'affectueuse. Il avait véritablement cette bonté du cœur qui, selon un philosophe, *est le premier mérite de l'homme ;* et, en

(1) M. Lucas de Montigny, fils adoptif de Mirabeau, est mort le 24 janvier dernier, c'est-à-dire vingt jours après son ami. Après avoir patiemment recueilli tout ce qu'il avait pu trouver concernant son père adoptif et sa famille, il a, au moyen de ces matériaux, publié huit volumes estimés, sous le titre de : *Mémoires de Mirabeau.*

lui appliquant les paroles qu'il adressait lui-même à une femme éminente qui, par son excellent cœur, les justifie pleinement, on peut dire à bon droit qu'il possédait « *cet aimable naturel qui porte à être frappé plus vivement du beau côté des personnes et des choses, à fermer les yeux sur nos imperfections, ou au moins à leur trouver une excuse, à mettre en relief ce que chacun peut valoir* (1). »

A sa bonté naturelle, M. Bourée joignait cette modestie simple qui n'appartient qu'au vrai mérite ayant conscience de lui-même. D'une égalité de caractère qui ne se démentait pas, il ne connut jamais la haine et sut toujours faire un accueil bienveillant à tous ceux qui s'adressaient à lui. Malgré une réserve prudente que lui avait apprise une longue expérience de la vie, il avait cette exquise urbanité, ces manières agréables et surtout ce tact parfait qui faisaient rechercher sa société et trouver tant de charme dans sa conversation.

Ayant autant de sévérité pour lui-même qu'il avait d'indulgence pour les autres, M. Bourée était l'homme du devoir : il tenait à remplir scrupuleusement les tâches qu'il avait acceptées, aussi bien que celles qu'il s'était imposées lui-même. *Ce que c'est que le temps? C'est la vie*, a dit quelque part le moraliste Droz : personne, plus que M. Bourée, n'était pénétré de cette vérité : car il travaillait toujours ; il travaillait encore lorsque déjà il succombait à la maladie qui l'a enlevé. C'est qu'aussi le travail était pour lui un véritable besoin : les heures qu'il ne consacrait pas à ses malades, il les passait au milieu de ses livres, sachant ainsi utiliser ses moindres instants. On ne s'étonnera donc pas du grand nombre de travaux divers terminés ou seulement commencés dont M. Bourée a pu s'occuper, malgré les exigences de sa profession ; car cette ardeur constante qui le poussait au travail doublait, pour ainsi dire, le temps dont il pouvait disposer.

C'est cette noble vie, cette vie de dévouement et de travail que la croix de la Légion-d'Honneur est venue dignement récompenser. M. Bourée fut nommé chevalier de l'ordre en 1844, et, loin de tirer de cette dignité méritée une vanité que sa modestie repoussait, il n'y puisa que des inspirations nouvelles pour servir encore le pays.

Mais il ne devait jouir que peu de temps de cette légitime récompense, car il fut enlevé à ses travaux quelques années seulement après qu'elle lui eut été accordée. Atteint inopinément d'une de ces affections contre lesquelles doivent malheu-

(1) *Voyage dans les départements de la Côte-d'Or, de Saône-et-Loire et du Rhône.* — Lettre XXIIe.

reusement échouer tous les efforts de l'art, M. Bourée dès le principe envisageait froidement son état et ne pouvait se faire illusion : la maladie, en lui laissant intactes, jusqu'à la fin, ses facultés, lui permettait ainsi de suivre les progrès du mal et de voir l'issue fatale vers laquelle chaque jour le rapprochait davantage. Cependant il supportait cette cruelle position avec le calme du philosophe, avec la résignation du chrétien, partageant ses pensées entre les affections qu'il laissait sur la terre et les espérances de la vie nouvelle dans laquelle il allait entrer. Il aspirait déjà au seuil de l'éternité les récompenses célestes réservées à l'homme de bien, lorsque Dieu vint mettre un terme à ses souffrances, en rappelant à lui cette belle âme : M. Bourée mourut le 4 janvier dernier, plein de foi, comme le juste, dans les promesses du Christ, et emportant dans la tombe la consolation de laisser après lui une mémoire chérie et respectée de tous.

Ce fut une de ces belles et nobles existences qu'on aime à rencontrer dans le cours de la vie et qui rattachent encore à la cause sociale ces esprits sensibles qui, abreuvés de déceptions et aigris par l'expérience des hommes, vont jusqu'à douter des sentiments de l'humanité entière. Noble cœur, intelligence d'élite, esprit élevé, sens juste et droit, caractère facile et bienveillant, tel fut M. Bourée, tel il se montra partout et toujours ; car, un philosophe l'a dit : *L'homme de bien est invariable*. M. Bourée ne varia jamais, il fut toujours le même, toujours l'homme de bien par excellence. Il était né pour les œuvres bonnes et utiles ; il les pratiqua toute sa vie et, sans doute, au séjour de paix qu'elle habite aujourd'hui, son âme généreuse se réjouit encore au souvenir du bien qu'il a fait !

Jules Beaudouin.

Châtillon-sur-Seine, le 7 *avril* 1852.

Peu de jours avant sa mort, mon père m'appela auprès de lui et me dit : « Tu publieras ma notice sur Bossu, que tu » donneras à mes amis. » Je satisfais aujourd'hui à ce désir, en vous dédiant, à vous qui fûtes les amis de mon père, cet opuscule qui charma ses derniers loisirs et où nous retrouvons sa finesse d'observation, les grâces et la délicatesse de son esprit. Il s'était attaché à cette étude, parce qu'il tirait de l'oubli un compatriote, et qu'il avait reconnu en Bossu un voyageur consciencieux et instruit, d'un grand sens, et surtout un homme de bien. Cette biographie, écrite sans prétention et quand il se proposait uniquement de se distraire des préoccupations politiques qui alors nous étreignaient tous (octobre et novembre 1851), lui est tombée des mains avant même qu'il ait eu le temps de la relire, car il en écrivait encore les dernières pages lorsqu'il fut forcé de s'arrêter, vaincu par la maladie qui devait bientôt l'enlever à nos impuissants et douloureux efforts et à notre tendre affection. C'est dans cet état que je vous offre ce souvenir, que vous accueillerez comme un don funèbre et comme un gage de sa bonne et constante amitié.

M. le président Lapérouse, dans un rapport au conseil municipal de la ville de Châtillon, a rappelé les titres de mon père à la reconnaissance de ses concitoyens (1), et le Prince-

(1) « Je propose au Conseil, a dit en terminant M. Lapérouse, de » délibérer qu'une demande soit adressée à M. le ministre de l'inté- » rieur, pour obtenir l'autorisation de donner à la rue où se trouvent » la bibliothèque et la maison qu'il habitait, où il est décédé, le nom » de : *rue docteur Bourée.* »

(*Extrait des délibérations du Conseil municipal, du 4 février* 1852.)

Président, ratifiant le vœu émis par le conseil dans le but d'honorer et de perpétuer sa mémoire, a arrêté qu'une des rues de cette ville porterait, à l'avenir, son nom [1]. M. le docteur Caff, médecin des hôpitaux de Paris; M. Jules Beaudouin, M. Mignard, tous les deux de l'Académie de Dijon; M. Le Maistre, de la Société des Sciences de l'Yonne, dans de curieuses et intéressantes notices, lues dans le sein de ces corps savants, ont apprécié mon père au point de vue du médecin, du savant, de l'écrivain, de l'homme d'esprit et de l'homme de goût. — Ils ont dit qu'en 1814 il fut nommé médecin de l'hospice de cette ville, en 1817 médecin des prisons, en 1818 conservateur du dépôt de vaccin, en 1822 médecin des épidémies pour l'arrondissement de Châtillon; — qu'en 1815 il entra au conseil municipal, en 1818 au conseil d'arrondissement; — qu'en 1819 il fut nommé membre de la commission des prisons, et la même année bibliothécaire de la ville; — qu'en 1844 il fut nommé chevalier de la Légion-d'Honneur. — Ils ont dit encore qu'il appartenait à la Société nationale des Antiquaires de France, à l'Académie de Dijon, à la Commission des Antiquaires de la Côte-d'Or, à la Société éduenne d'Autun, à la Société archéologique de Langres, à celle des sciences historiques et naturelles de l'Yonne, etc., etc.

Aujourd'hui, ces titres nous paraîtraient à nous bien vains et bien stériles, si nous ne pouvions en évoquer d'autres qui engagent la responsabilité morale et qui ont leur source dans nos destinées immortelles, les seules qui nous survivent et qui planent, dans l'éternité, au-dessus des âmes consolées.

La vie de mon père fut un cours de morale en action. C'est à l'évidence de cette vérité que Mme Victorine de Chastenay rendant hommage, dit dans le premier moment de regrets : « *On peut le montrer à ses amis et à ses ennemis.* » C'est-à-dire, que cet homme jugé pour la dernière fois, reste aux regards

(1) Au nom du peuple français, Louis-Napoléon, président de la République, vu le rapport du ministre de l'intérieur, vu l'ordonnance du 10 juillet 1816, décrète : Article 1er. Est approuvée la délibération, en date du 4 février 1852, par laquelle le Conseil municipal de Châtillon-sur-Seine (Côte-d'Or), dans le but d'honorer la mémoire du *docteur Bourée*, a émis le vœu qu'une voie publique de cette ville prît, à l'avenir, la dénomination de : *rue docteur Bourée*. — Art. 2. Le ministre de l'intérieur est chargé de l'exécution du présent décret. — Fait au palais des Tuileries, le 7 avril 1852. Signé Louis-Napoléon. *Le ministre de l'intérieur*, F. de Persigny. Pour ampliation : Baron de Bry. Pour copie conforme : *le maire de la ville de Châtillon*, Mariotte.

C'est la première fois que ce fait se produit à Châtillon. — *Note de l'éditeur.*

de tous ce qu'il fut invariablement et constamment pendant sa longue carrière, l'homme aux généreuses actions, aux nobles sentiments, l'homme de la charité, de la bonté et de la bienveillance.

A Dieu ne plaise que je vienne faire ici l'éloge du désintéressement ! Quel est l'homme de cœur qui ne le place au premier rang de ses devoirs ? Chez mon père, cette vertu avait une grâce singulièrement touchante en ce qu'elle le paralysait. — « *C'est un père de famille,* » disait-il, et avec ce mot, qui exerçait sur son cœur une souveraine influence, il remettait une dette ou terminait une affaire, bien plus heureux par le contentement qu'il laissait dans une honnête famille que par l'or qu'il en aurait pu recevoir ; c'est ainsi que s'oubliant pour ne songer qu'aux autres, après quarante-huit ans de laborieux travaux, il est mort laissant une fortune médiocre. « Dans sa » pratique privée, dit M. Jules Beaudouin, M. Bourée visi- » tait le riche et le pauvre avec la même sollicitude ; pour » l'un comme pour l'autre, il avait des paroles bienveillantes. » Combien, parmi ses malades peu favorisés de la fortune, » n'en est-il pas qui lui sont reconnaissants pour les procédés » discrets de bienfaisance qui lui étaient familiers ? Combien » n'en est-il pas pour lesquels il n'était pas seulement le mé- » decin des malades, mais encore l'ami de la maison, l'ami » sûr et dévoué, l'homme aux bons conseils, aux paroles » consolantes (1) ? »

Tout devoir avait à ses yeux un caractère sacré, parce qu'aux vertus du citoyen, et comme pour en rehausser l'éclat, il joignait celles du chrétien. Nous le vîmes lors de l'invasion du choléra dans l'arrondissement de Châtillon, en 1832 et en 1849, malgré son âge, admirable de courage et de dévouement, se porter sur tous les points envahis, y passer des journées entières, organisant le service médical, visitant les malades, se multipliant comme autrefois et, par son exemple, rassurant les populations effrayées ; puis, rentré chez lui, consigner dans de longs et consciencieux rapports ses observations sur la marche de l'épidémie. En juin 1849, il se transporta quatorze fois à Laignes, où, disait-on, « l'air avait » une certaine saveur métallique qui prenait à la gorge, » et où, dans ce mois, succombèrent cent cinq personnes. Ce fut avec un zèle égal et avec la même abnégation qu'il se prodigua à Bouix, à Poinçon, à Larrey, qui furent alors autant de foyers d'infection. Ce passé, en lui apportant, dans ses derniers jours, le témoignage d'une bonne conscience, le consolait et lui rafraîchissait le cœur. — Peut-être lui inspira-t-il ces

(1) Le *Châtillonnais* du 8 janvier 1852.

paroles : « *La mort fait plus peur de loin que de près.* » Saintes paroles ! paroles de paix intérieure et de résignation que l'on ne rencontre que dans la bouche du chrétien chez qui l'espérance est toute vivante de l'autre côté du sépulcre. Hommage donc à une religion qui nous rend si nobles au dernier moment !...

Dans ses rapports avec les siens il était affectueux et plein de tendresse. On le voyait, noble expression de la candeur de nos pères et de l'ancienne simplicité, heureux au milieu de ses enfants dont il était adoré et vénéré, conservant précieusement le trésor d'anciennes amitiés. Il compta toujours parmi les plus illustres, dans sa jeunesse, celles de Ducis, du poète Lebrun, de M. Lucas de Montigny, fils adoptif de Mirabeau. Plus tard, celles de M. Nisard, de l'Académie française ; de M. Frantin, l'auteur des *Annales du moyen-âge* ; du bibliophile Peignot, de Mgr Cavrot, évêque de Saint-Dié, etc., etc...... Il faut compter au premier rang Mme la comtesse Victorine de Chastenay, l'illustration de notre province. Ce sont ces amitiés, jointes à l'amour des siens, qui ont charmé sa vie et fait dire qu'il fut heureux parmi les heureux ; c'est qu'il attirait par les formes en même temps qu'il retenait par le cœur ; à la plus exquise urbanité et à un esprit très-orné, il joignait un extérieur agréable avec des traits fins et délicats où se reflétait une âme parfaitement honnête et distinguée. Si quelquefois son œil et sa voix trahissaient en lui quelque mouvement d'impatience ou de colère, c'était lorsque la mauvaise foi et la déloyauté osaient, sous une forme ou sous une autre, se montrer devant lui. « *Le philanthrope, disait-il, est le tartufe* » *du dix-neuvième siècle.* » Et dans sa verve contre ce type, il était sans pitié et sans miséricorde.

Le trait distinctif de son esprit était de saisir la vérité, la réalité des choses et des personnes, sans illusion d'aucun genre.

« C'est une tactique, disait-il, fort ordinaire et fort natu-
» relle aux méchants, que d'invoquer des idées qui valent
» mieux qu'eux et de s'en couvrir comme d'un bouclier. »

« Ce n'est pas la vérité qui persuade les hommes, ce sont
» ceux qui la disent. »

A un jeune homme qui aspirait à se distinguer : « Croyez-
» moi, en fait de sottises, tout est fait, tout est pensé ; il ne
» reste plus que la singularité de la vertu. »

Ailleurs : « Un vice essentiel à notre littérature moderne
» est de juger moins l'auteur sur ce qu'il dit, que sur la ma-
» nière dont il dit ; nous avons l'oreille plus délicate que le
» cœur. »

Il était poète aussi à ses heures, témoin ce mot plein de

charme et de mélancolie : « Dans un lieu de doux souvenirs, » notre marche est légère comme si nous craignions de les » écraser. »

Il disait : « Un intérêt dans le calme, c'est la vie heureuse. » — « Ce n'est pas assez de donner la vie, il faut encore apprendre à l'aimer. »

C'est par de telles pensées, c'est par de telles paroles, qu'il s'acquit l'estime et l'affection de tous et une vénération que le temps ne refroidira pas. En passant sa vie, en relisant ses écrits [1], non-seulement on éprouve le désir de devenir meilleur, mais on sent déjà qu'on l'est devenu.

Sa conversation affectueuse, et de l'homme du monde, pleine de traits, d'aperçus et d'à-propos, et semée d'anecdotes, abondait en expressions vives, ingénieuses et fines. Il racontait comme il lisait, et « il lisait, dit M. Mignard, avec cette grâce » exquise qui n'appartient qu'au sentiment et qui ressemble » aux fleurs dont on orne avec goût l'intérieur d'un charmant » édifice [2]. »

Ses goûts étaient ceux de l'homme d'étude ; il aimait les sciences, les lettres, les arts, la poésie, les musées, les galeries, enfin tout ce qui donne des ailes à la pensée. Les scènes de la nature, dont il pénétrait les divines harmonies, le ravissaient, et dans cette faculté de sentir il s'arrêtait aux moindres détails, aux fleurs des champs, aux fossiles, aux pierres, aux cailloux, etc., etc., recherchant ainsi tout ce qui renferme en soi un mystère, un secret à pénétrer ou un fait à expliquer. Ses collections, qu'il augmentait chaque année, étaient classées en ordre et avec art dans son beau et vaste cabinet. C'était là qu'il aimait à se recueillir ; c'était là aussi qu'il se plaisait à recevoir les visiteurs et ses amis, et se livrait avec eux, dans un confiant abandon, à de doux et aimables entretiens et à de faciles causeries.

On comprendra qu'avec cet esprit curieux à l'excès, il dut s'intéresser à la marche des événements qui depuis plus d'un demi-siècle s'accomplissent en France. Plusieurs fois il en fut ému. Son regard alors se voilait d'une tristesse profonde, et avec l'accent d'une secrète douleur, il nous disait : « Nous » ne sommes pas dans le vrai, » ajoutant que « le vrai ne se

[1] Il laisse en manuscrit un voyage d'un curieux intérêt que peut-être un jour nous publierons, où l'auteur paraît aussi peu que possible et où l'homme se découvre au naturel.

[2] Notice nécrologique sur M. le docteur Bourée, lue le 15 janvier 1852, à la Commission des Antiquités de la Côte-d'Or, par M. Mignard, et imprimée chez Loireau-Feuchot.

» trouvait que dans l'immutabilité des principes. » L'avenir nous dira s'il eut tort ou raison. Mais assurément son nom restera parmi ceux qui gardèrent le plus religieusement inviolable et intact le culte sacré des traditions et des souvenirs.

Gabriel BOURÉE.

Juillet 1852.

NOTICE

SUR LA VIE ET LES RELATIONS DE VOYAGE

DU

CAPITAINE BOSSU,

Par feu M. le docteur **BOURÉE.**

> J'ai peint ce qui fut beaucoup plus que ce qui est.
> CHATEAUBRIANT. — *Voyage en Amérique.*

Après la ville de Paris et la Normandie, qui ont donné à la France tant d'hommes justement célèbres, que je ne puis nommer, la patrie de Bossuet et de Buffon est, sans contredit, celle de nos provinces qui a légué à l'histoire le plus de noms éminents dans toutes les carrières.

Au milieu du mouvement général et progressif des intelligences, l'arrondissement de Châtillon n'est pas resté en arrière, et, de nos jours, comme dans les temps anciens, et dans la mesure de sa population, cette contrée a fourni d'assez nombreux fleurons à la brillante couronne de talents qui resplendit au front de notre belle Bourgogne. Mais le dirons-nous, ici comme ailleurs, par une fatalité malheureuse, il est des hommes qui, à des titres divers, ont honoré leur pays, et dont cependant la mémoire semble vouée à l'oubli, même dans les lieux qui les virent naître ; honteuse ingratitude ! inqualifiable surtout quand elle est le fait d'une humble localité qu'un nom seul environné de quelque éclat eût suffi pour illustrer. Sans l'auteur des *Veillées du Château*, eût-on jamais parlé du chétif manoir de Chamceri ? D'ailleurs, et en dehors de toute considération d'un ordre plus élevé, est-il un moyen plus efficace d'exciter une louable émulation chez les natures d'élite et de réchauffer dans les âmes la passion du bien, que de glorifier le souvenir de ceux qui, vivants, ont bien mérité de leurs concitoyens?

Il y a peu d'années, un ministre de l'intérieur invitait, par une circulaire, les municipalités de chef-lieu de sous-préfecture, à décorer le local de leurs séances, ou tel autre lieu public, du nom de tous les personnages qui ont honoré leur arrondissement. On doit regretter que ce projet, qui eût vengé quelques hommes du passé, les uns d'un injuste oubli, les autres des insultes d'une grossière démagogie, n'ait pas été mis partout à exécution.

C'est sous l'impression des idées qui précèdent, qu'a été esquissée la notice suivante, qui n'est point une composition littéraire; le seul but de son auteur, pour ainsi dire, simple abréviateur, a été de remettre en lumière l'un de nos plus dignes compatriotes, contemporain de quelques-uns d'entre nous, mais peu connu de nos jours, même de ses biographes [1], qui ont ignoré la date de sa naissance, le lieu et l'époque de sa mort, et jusqu'à ses prénoms; dont la famille existe honorablement au milieu de nous [2], et qui fut aussi remarquable par son inflexible droiture et les qualités de son esprit, que par sa vie aventureuse, les services qu'il rendit à sa patrie et l'honneur qu'il fit au nom français dans un autre hémisphère.

Issu d'une ancienne et bonne famille de Baigneux-les-Juifs, Jean-Bernard Bossu naquit dans ce bourg le 29 septembre 1720, de Jean Bossu, maître en chirurgie, et de Claudine Thibaut. Son père, habile dans son art, et de plus homme de bien, publia en 1750 une dissertation sur la goutte.

On ignore si le jeune Bossu fut envoyé dans un collége; mais le fond et la forme de ses lettres, dont la série compose l'ensemble de ses relations de voyage, témoignent qu'il ne fut

(1) Voir tous les dictionnaires historiques postérieurs à 1792, même la *Biographie universelle* de Michaud.

(2) M. Lemonnier, habile mécanicien à Châtillon, est gendre de Mme veuve Jully, petite-nièce du personnage dont il est ici question.

point étranger aux études, ni dépourvu de notions scientifiques.

La carrière médicale, où l'appelaient le vœu de son père et des traditions de famille, ne répondant point à ses instincts, il refusa de s'y engager et préféra le parti des armes. Il obtint de bonne heure une lieutenance dans le régiment de Mme la Dauphine. L'Europe était alors en feu à l'occasion de l'héritage de l'empereur Charles VI. Bossu se trouva à plusieurs actions, notamment à la mémorable affaire de Château-Dauphin, dans les Alpes. Cette position, jusqu'alors réputée inexpugnable, ne put tenir devant l'impétuosité des Français, qui, sous le commandement du prince de Conti, l'emportèrent d'assaut le 19 juillet 1744. L'un des premiers, Bossu pénétra dans la place par une embrâsure de canon, mais il y reçut un coup de feu dont il se ressentit toute sa vie, ce qui ne l'empêcha pas, le 30 septembre suivant, de payer de sa personne à la bataille de Coni, où les Français moissonnèrent de nouveaux lauriers. Mais, soit dit par occasion, il en fut de cette brillante victoire comme toujours de nos succès militaires d'au-delà des monts, c'est-à-dire qu'elle demeura stérile pour la France.

Ce dut être peu d'années après sa campagne du Piémont, et sans doute à la suite de la paix d'Aix-la-Chapelle, en 1748, que le jeune officier d'infanterie, encore souffrant des suites de sa blessure, et n'entrevoyant que dans un lointain avenir les occasions de se distinguer, cessa de faire partie de l'armée de terre; mais avec sa robuste complexion, en rapport avec la trempe énergique de son âme, dans la force de l'âge et déjà façonné au métier des armes, il jugea qu'il se devait encore à son pays et à son roi. (Ces deux mots, aujourd'hui si étonnés de se trouver ensemble, étaient jadis inséparables dans la bouche de tout Français fidèle à l'honneur.) L'inclination de Bossu le portait à servir dans la marine. En 1750, nous le retrouvons à Belle-Ile-en-Mer, où il s'occupait, en attendant mieux, à discipliner les troupes coloniales. Recommandé par ses anciens services et chaudement appuyé par le chevalier de Grossoles, commandant de la place, dont il s'était fait un ami, ce fut là que notre brave compatriote reçut de la cour un brevet de lieutenant dans les troupes de la marine, avec injonction de se rendre sans délai au poste qui lui fut assigné.

Embarqué sur un navire destiné aussi au transport de quatre compagnies qui devaient renforcer la garnison de la Nouvelle-Orléans, Bossu partit de Rochefort le 26 décembre 1750. L'embarcation toucha à l'île de Madère ; deux mois après elle relâchait à Saint-Domingue. Enfin, le jour de Pâques, on arriva à la Nouvelle-Orléans, où le brave et bon marquis de Vaudreuil, gouverneur général de la colonie, dont il était à juste titre surnommé le père, accueillit nos officiers avec la plus gracieuse courtoisie. Le lieutenant Bossu lui avait été spécialement recommandé par M. Rouillé, ministre de la marine.

Le poste des Illinois, à 500 lieues de la capitale, fut tiré au sort et échut à la compagnie à laquelle l'officier bourguignon était attaché. Le 20 avril, le détachement s'embarqua sur le rapide quoique sinueux Mississipi, cet antique père des eaux, comme disent les naturels, dont il fallut péniblement remonter le cours, souvent embarrassé par de gigantesques troncs d'arbres détachés du rivage, et dont plusieurs viennent des parties hautes de l'intérieur.

Bossu signale, à dix lieues de la Nouvelle-Orléans, deux villages allemands, reste d'une concession qui avait été faite par le roi en 1720, à Law, puis à mesure qu'il remonte le fleuve, il jette un coup-d'œil observateur sur chacune des peuplades alors errantes sur ses bords ; tels étaient les Chitimachas, les Colapissas, les Oumas, les Touicas, etc. L'embarcation stationna quelque temps au poste des Natchez, ainsi nommé d'une nation jadis populeuse et guerrière, mais qui déjà n'existait plus.

Il est peu d'événements dans les fastes de l'Amérique du Nord plus célèbres que la conspiration des Natchez, réduits au désespoir par l'avarice, la déloyauté, la dureté de cœur du sieur Chepar, commandant du poste. Ces peuples, connus par la douceur et l'innocence de leurs mœurs, et jusqu'alors nos meilleurs amis, après s'être concertés entre eux, se ruèrent à l'improviste sur les Français, dont ils firent un horrible massacre. Ces vêpres siciliennes eurent lieu le 12 janvier 1729, à huit heures du matin. Les représailles furent encore plus sanglantes ; notre vengeance poursuivit les malheureux débris de la nation vaincue jusque chez les tribus qui leur avaient donné asile. Ces faits qui un siècle plus tard devaient inspirer, devons-nous dire, un bel ouvrage ou seulement d'éloquentes pages à l'un de nos plus illustres écrivains, sont reproduits en détail et avec un grand intérêt par notre voyageur.

Après une navigation de 120 lieues sur le grand fleuve, sans avoir aperçu une seule habitation, le détachement aborda au fertile pays des Akançaş, aujourd'hui Arkançaş, arrosé par la rivière de ce nom. Ces sauvages, renommés par leur mâle beauté, leur bravoure, leur adresse dans tous les exercices du corps et, disons-le, leur cruauté envers l'ennemi vaincu, n'étaient pas moins célèbres par leur amitié pour les Français, qu'ils ne cessent de regretter, dit M. de Châteaubriant (*Voy. en Amérique*). Aussi accueillirent-ils nos marins avec la plus franche cordialité. Les jeunes gens voulurent recevoir le commandant avec la danse du *calumet*. Celui-ci observe et décrit avec d'autant plus de soin les mœurs et les coutumes des Akançaş, sur lesquels il reviendra plus tard, que cette nation offrait à ses yeux le type le plus complet des tribus sauvages de l'Amérique du Nord. Il rencontra dans ces parages un très-vieux chef qui avait vu l'infortuné Lasalle, et dont les souvenirs étaient encore vivants.

Les Akançaş résolurent d'adopter l'officier français et de le reconnaître pour chef; mais, pour cela, il fallait une cérémonie préliminaire qui consistait à lui imprimer une marque. Bossu se prêta de bonne grâce à l'opération, un naturel lui esquissa sur la cuisse, avec de la cendre de paille délayée dans de l'eau, une figure de chevreuil dont l'opérateur suivit le trait avec de grosses aiguilles en piquant jusqu'au vif pour faire sortir le sang ; ce sang mêlé à la cendre de paille forma un tatouage ineffaçable. Quelque atrocement douloureux que fût ce procédé, le patient n'eut garde de se plaindre ; au contraire, pendant l'opération, il fumait un calumet et plaisantait avec les femmes indiennes qui étaient présentes. Cette apparente insensibilité lui fit un grand honneur et, au milieu des transports de la joie la plus bruyante, il fut proclamé un véritable homme et, pour comble de gloire, noble Akançás.

On remit à la voile le 7 novembre et à travers un immense pays absolument inhabité, mais, à la grande satisfaction de nos voyageurs, tellement peuplé de gibier de toute sorte, bœufs sauvages ou bisons, cerfs, chevreuils, etc., que c'était merveille à voir. On se dirigea vers le fort de Chartres, chez les Illinois, où l'on mit pied à terre vers la mi-décembre.

Presque au terme de cette longue navigation, la coque du bateau que montait le détachement avait été crevée par la rencontre d'un de ces arbres piqués en arc-boutant qui encombraient alors le Mississipi et ses affluents. Le naufrage était inévitable. Quelques malheureux soldats y trouvèrent la mort ; Bossu perdit dans cette occasion tout ce qu'il possédait, et lui-même eût infailliblement péri sans un intrépide Akançás qui l'atteignit par son capot, au moment où il disparaissait dans l'abîme.

Notre compatriote signala son arrivée au fort de Chartres par un important service qu'il rendit à la colonie. A l'instigation des Anglais, ce peuple est rarement étranger à nos disgrâces politiques, deux peuplades sauvages avaient comploté la perte totale des cinq villages français établis aux Illinois. On n'avait encore que des soupçons. D'après le conseil de Bossu, une fausse alarme fut donnée aux conspirateurs ; ceux-ci, déconcertés, se trahirent eux-mêmes. On marcha contre eux, vingt-deux des leurs restèrent sur le terrain, le reste prit la fuite.

Dans le cours de six années que le lieutenant Bossu passa chez les Illinois, il lui fut d'autant plus facile d'acquérir d'exactes notions tant sur le pays lui-même, qui est, dit-il, l'un des plus beaux du monde, que sur le génie et les usages des peuplades sauvages qui l'habitent, que, familiarisé avec leurs divers idiômes, il avait su se concilier l'affection de ces enfants de la nature. Une circonstance vint encore accroître leur amitié pour le *chef grand nez;* c'est ainsi qu'ils désignaient le commandant du poste pour le distinguer des autres officiers.

Le 8 juin 1752, un parti de la nation des Renards ou Outagamis, notre alliée, fort de 1,000 guerriers, profitant de l'heure où les Indiens s'étaient rendus au fort de Chartres pour être témoins de la procession de la Fête-Dieu, fondit à l'improviste sur deux villages français desquels ils avaient reçu une grave injure. Les mesures prises par les rusés assaillants avaient été si secrètes, surtout à l'égard de nos nationaux dont on redoutait l'intervention, que, dans un instant, les deux malheureuses bourgades devinrent la proie des flammes, et que, dans un instant aussi, hommes, femmes, enfants furent massacrés ou emmenés captifs. Du sommet d'une éminence qui domine la plaine, et où il se trouvait en ce moment, Bossu fut spectateur de ce désastre ; il eut le bonheur de sauver la vie à une jeune fille de quinze ans, qui, poursuivie par les vainqueurs, trouva dans ses bras un refuge que les barbares n'osèrent violer.

Au mois de mai de l'année suivante, notre officier obtint la permission de descendre à la Nouvelle-Orléans, où il ne retrouva plus son digne protecteur, le marquis de Vaudreuil; sans égard pour les recommandations de son prédécesseur, peut-être même à cause de ces recommandations, le nouveau gouverneur général, M. de Kerlerec, suscita mille désagréments à son subordonné, et le tint éloigné de son poste jusqu'au mois d'août de l'année suivante. Enfin, Bossu obtint de s'embarquer sur un des bateaux de l'Etat qui, au mépris des ordonnances royales, était encombré de marchandises. M. de Kerlerec lui ayant demandé ce qu'il emportait pour pacotille, notre compatriote répondit « *qu'il n'entendait rien au com-* » *merce ; qu'étant militaire*, S. *M. l'avait envoyé à la Loui-* » *siane pour la servir, que c'était en quoi il faisait consister* » *toute sa gloire.* » Généreuses mais imprudentes paroles qui ne tardèrent pas à porter leur fruit!

De retour au fort de Chartres au bout de six mois de navigation ou d'hivernage, les bateaux ayant été pris par les glaces, la santé du lieutenant de marine se trouva tellement altérée qu'il fut contraint de changer d'air ; il se fit transporter chez les Kaokias, poste à une journée du fort de Chartres. Pendant son séjour dans cette autre résidence, il y arriva des sauvages de la nation des Osages. Ces indigènes avaient pour manitou un énorme serpent desséché. Bossu voulut traiter de cette hideuse relique avec le prêtre ou jongleur qui la desservait, mais celui-ci convint naïvement que ses grossiers et superstitieux compatriotes payaient à son manitou un tribut beaucoup plus considérable que ne pourrait rapporter la vente de cette idole.

Ces sauvages adorent le génie du mal ; quant au Grand-Esprit, ils disent qu'étant bon il ne peut leur nuire.

Toujours incommodé des suites du coup de feu qu'il avait reçu en Italie, Bossu obtint l'autorisation temporaire de rentrer en France pour y prendre les eaux de Bourbonne.

La gaîté vive et spirituelle du soldat français n'est jamais en défaut, l'anecdote suivante en fournit une nouvelle preuve :

Le détachement sous les ordres de notre officier était campé, le 1er janvier 1757, dans une île du Mississipi qu'il descendait alors. Par réciprocité d'étrennes, ses soldats imaginèrent de reconnaître leur chef pour gouverneur de l'île. Celui-ci se prêta à la plaisanterie; le cérémonial d'installation fut accompli avec le sérieux le plus comique. Le tambour bat un ban, et le sergent, comme maître de la cérémonie, ôtant son chapeau, dit : « *De par le Roi, tigres, loups, ours, bœufs, cerfs, che-* » *vreuils et autres animaux de cette île, vous reconnaîtrez notre* » *commandant pour votre gouverneur, et vous lui obéirez en*

» *tout ce qu'il vous commandera pour le bien du service.* »
Ensuite un artilleur mit le feu aux pierriers dont les détonations accompagnèrent une salve générale de mousqueterie, le tout au grand effroi de la population quadrupède de l'île, qui se jeta dans le fleuve pour gagner le continent. Un malheureux ours, atteint et convaincu de rébellion, eut la tête cassée, et sa peau, du plus beau pelage, devint pour le gouverneur improvisé un trophée qui l'accompagna dans tous ses voyages.

Le brigantin que montait le lieutenant Bossu fit voile de la Balise le 1er août. A la hauteur de l'île Turque, on échangea quelques boulets avec un corsaire anglais qui, prudemment, s'esquiva. Plus tard, notre compatriote contribua à la prise d'un bâtiment ennemi.

Le voyageur, qui, pendant son séjour dans la mère-patrie, avait été accueilli avec une grande bienveillance par M. de Mornas, ministre de la guerre, dont l'intervention lui avait même fait obtenir une gratification du roi, reparut le 12 juillet 1758 à l'embouchure du Mississipi. A peine débarqué, il reçut l'ordre d'aller en détachement au fort de Toulouse, chez les Allibamous, à 250 lieues et au nord-est de la capitale. Tous ces peuples américains, dont le type originel s'efface chaque jour, mériteraient-ils moins un regard de l'histoire que cette foule de peuplades barbares dont l'antiquité a transmis les noms et fait connaître les lois et les mœurs, moins graves et moins touchantes que celles des Indiens primitifs?

La tribu des Allibamous se compose d'hommes braves et robustes, au nombre d'environ 4,000 guerriers. Inexorables ennemis, mais alliés ou amis dévoués, ils sont affables et exercent l'hospitalité à la manière prévenante et généreuse des Germains de Tacite.

Une de leurs politesses est de vous offrir leurs filles, mais ils s'inquiètent peu de la conduite de celles-ci; en revanche, ils se montrent jaloux à l'excès de leurs femmes, qui sont belles pour des sauvages. Leur manière de punir l'adultère mérite d'être connue : un mari est-il assuré de l'infidélité de sa moitié, il va trouver le cacique pour en obtenir justice. Ce dernier envoie secrètement couper des baguettes, ensuite il ordonne une danse générale à laquelle personne ne peut manquer sous peine d'amende. Au moment où la danse est dans toute son animation, on jette les deux coupables par terre, puis on les frappe avec les baguettes sur le ventre et sur le dos. Quand ces malheureux ont été ainsi flagellés, un parent de chacun d'eux interpose un bâton entre les battants et les battus. Les coups cessent à l'instant. Le mari outragé coupe les cheveux à sa femme, le séducteur subit le même traitement, et on lui dit en désignant sa complice : *Voilà ta femme*. Il est libre de l'épouser sur-le-champ, mais on l'oblige de changer de village.

Lorsqu'il arrive qu'une femme débauche le mari d'une autre, les femmes s'assemblent entre elles, armées de bâtons longs comme le bras, et vont trouver l'épouse infidèle qu'elles battent sans miséricorde, ce qui fait beaucoup rire les jeunes gens. Si ceux-ci à la fin n'arrachaient les bâtons des mains de ces furieuses, elles tueraient la malheureuse coupable. On ne nous dit pas si les épouses les moins irréprochables sont celles qui frappent le plus mollement.

Ces peuples reconnaissent un Grand-Esprit qu'ils nomment Soulbiéche, et croient à une vie future. S'ils n'ont point enlevé la femme d'autrui, crime capital parmi eux, s'ils n'ont volé ni tué personne pendant leur vie, ils iront, après leur mort, dans un pays fertile où ils ne manqueront ni de femmes ni de campagnes abondantes en gibier de toute espèce ; au contraire, ceux qui auront fait les fous ou se seront moqués du Grand-Esprit iront dans un pays ingrat, couvert de ronces et d'épines, où il n'y aura pour eux ni chasse ni femmes.

Cette notion d'un souverain arbitre vengeur et rémunérateur se retrouve en tout temps, en tous lieux ; sous la chaumière du pauvre comme sous les dômes des palais, chez les nations naissantes et chez celles qui finissent. Or, maintenant, nous le demanderons par l'organe du poète :

La voix de l'univers est-elle un préjugé?

Les Allibamous enterrent leurs morts assis ; on met aux mains du défunt un calumet et du tabac, afin qu'il fasse la paix avec les gens de l'autre monde. Si c'est un guerrier, on l'inhume avec ses armes.

Celui qui s'est donné volontairement la mort passe pour un lâche, son corps est jeté ignominieusement dans les eaux du fleuve.

Le jeune sauvage qui mène une vie dissolue est noté d'infamie par les vieillards et repoussé par la nation, belle leçon que des barbares donnaient à la civilisation européenne !

Chez nulle autre tribu américaine les enfants ne sont élevés plus durement ; Spartiates du nouveau monde, on leur apprend à supporter les excès du froid et de la chaleur, les fatigues, la faim, la soif. Les jeunes gens ne peuvent prendre rang parmi les guerriers qu'après avoir été frappés cruellement de lanières de cuir, et stigmatisés de profondes scarifications sur diverses parties du corps pour les endurcir à la douleur.

Les vieillards sont vénérés de tous, mais dans une défaite, ils aiment mieux tomber sous le tomahamok de leurs enfants que d'être brûlés ou mangés par l'ennemi.

Les Français n'ont pas d'alliés plus fidèles. Un de leurs chefs, pour toute réponse, voulait casser la tête à des Anglais qui lui offraient des présents pour le détacher de notre alliance : *Ce sont*, disait-il, *des chiens, ennemis de mon père le roi de France*. Un autre avait résolu de ravager les terres des Espagnols, uniquement parce que ceux-ci accueillaient les Anglais, avec lesquels nous étions en guerre. Bossu parvint avec peine à le détourner de ce dangereux projet. Cet officier avait acquis un tel ascendant moral sur les indigènes, que leurs femmes avaient recours à sa médiation dans les différends de sauvage à sauvage, qui, sans lui, ne se seraient pas terminés sans effusion de sang. Une circonstance vint encore rehausser son crédit parmi eux. Menacé par un de leurs jongleurs, médecins ou magiciens, des effets de son art, il répondit qu'étant sorcier lui-même, il ne pouvait rien craindre de la malice des magiciens. Pour le prouver et en même temps confondre son adversaire, il lui présenta une peau de chat-tigre en l'invitant à faire revivre l'animal ; le jongleur convint qu'il ne le pouvait pas. *Je vois bien que tu n'es qu'un novice dans ton art*, repartit Bossu, *je vais le faire, moi.* S'étant retiré dans son bateau, l'officier ajusta des yeux d'émail à la tête de sa peau de chat, dans le ventre de laquelle il introduisit un écureuil vivant. Un soldat qui avait reçu le mot d'ordre s'était muni d'une massue. Les choses ainsi disposées, le soi-disant sorcier ouvrit la chambre du bateau ; les sauvages s'avancèrent, le jongleur à leur tête. Bossu tenait entre ses bras la peau du chat-tigre dans laquelle se débattait l'écureuil, il la met par terre ; l'animal prisonnier se précipite éperdu du côté des spectateurs, dont l'effroi, surtout les femmes, fut extrême ; c'est à qui délogera le plus vite. De son côté, le soldat armé frappe ou feint de frapper à coups redoublés sur l'animal qui avait voulu dévorer nos bons amis les hommes rouges. Qu'on juge de l'admiration des sauvages, et surtout de leur reconnaissance envers celui qui, disaient-ils, avait sauvé leurs femmes des griffes d'un mauvais génie. Ces pauvres gens, ajoute le narrateur en terminant son historiette, regardent les Français comme des êtres surnaturels.

Les Allibamous conservent par la tradition orale, qu'ils appellent l'*ancienne parole*, le souvenir du bien ou du mal qui leur a été fait ; ils ont peu de goût pour les Espagnols, en mémoire des cruautés que ceux-ci exercèrent, au temps de la conquête, contre les Mexicains. D'ailleurs, malgré leur bravoure, ou peut-être même parce qu'ils sont braves, ces peuples sont d'un naturel pacifique. Notre voyageur a recueilli de la bouche d'un de leurs chefs la harangue suivante :

« Jeunes gens et guerriers, ne vous moquez point du maître
» de la vie. Le ciel est bleu, le soleil est sans tache, le temps

» est serein, la terre est blanche [1], tout est tranquille sur » sa face, le sang humain ne doit point être répandu ; il faut » prier l'esprit de paix de la conserver pure et sans tache » entre les nations qui nous entourent. Nous ne devons nous » occuper maintenant qu'à faire la guerre aux tigres, aux » ours, aux loups, aux cerfs et aux chevreuils, pour avoir » leurs peaux afin de commercer avec les Européens, qui » nous apporteront nos besoins (*sic*) pour entretenir nos femmes » et nos enfants. »

Chaque cacique de village est souverain chez lui et ne relève *que du Grand-Esprit*.

Le commandement du poste des Allibamous, étant devenu vacant, fut confié, au préjudice du lieutenant Bossu, à un officier, d'ailleurs excellent militaire, mais qui n'y avait nul droit. Blessé dans son honorable susceptibilité de soldat, en vain notre compatriote réclama-t-il avec convenance, mais énergie, une réparation ou l'autorisation de rentrer en France. Au lieu d'une satisfaction, il reçut du gouverneur général l'ordre de se rendre sans délai à la Mobile, pour y prendre un convoi de vivres et de munitions destiné pour le fort de Tombekbé. Ainsi procédait M. de Kerlerec avec ses meilleurs officiers.

Le fort qui vient d'être nommé, sur la rivière du même nom, à 110 lieues de la Mobile, avait été bâti dans le double but de réprimer les entreprises des Anglais et de tenir en respect les belliqueux et féroces Tchicachas, leurs alliés.

Le convoi, composé de trois bateaux, quitta la Mobile le 22 août. Après de rudes fatigues occasionnées par la baisse des eaux qui, dans un parcours de plus de quinze lieues, obligea de traîner les bateaux à la cordelle ; d'ailleurs constamment tenus sur le qui-vive, dans la crainte de quelque surprise de la part des sauvages, les navigateurs débarquaient à leur destination le 25 septembre.

[1] Les Allibamous ont nommé leur pays la terre blanche, ou pays de paix.

Ces affreux petits animaux qui, au dire d'un missionnaire, *ont fait plus jurer depuis que les Français sont au Mississipi, qu'on avait jusqu'alors juré dans le reste du monde*, les maringouins (puisqu'il faut les appeler par leur nom), mirent dans tout le trajet la patience de nos navigateurs à la plus désolante épreuve ; en effet, ces diptères sont la plus grande plaie de la Louisiane, région marécageuse sous un ciel de feu.

Le commandant courut de sa personne un danger d'un genre aussi singulier qu'imprévu. Par une superbe nuit d'été, campé *sub dio* près des bords de la rivière et étroitement drapé dans les plis de sa tente, notre homme dormait de la meilleure foi du monde, quand, tout-à-coup, il s'éveille en sursaut, une force irrésistible l'entraine vers le fleuve ; il crie au secours, on croit qu'il rêve ou qu'il est devenu visionnaire, mais jugez de la surprise de tous, quand on aperçut un énorme crocodile qui déjà l'avait transporté par un pan de sa tente presque au bord de l'abîme ! Le vorace amphibie avait été attiré par l'appât d'une barbue sèche que le malavisé dormeur tenait en réserve à ses pieds. Le brave marin convient que de sa vie il n'eut si grande peur.

A quelques jours de là, on fit rencontre d'un parti de Chactas révoltés qui allaient rejoindre les Anglais ; notre officier les exhorta à retourner sur leurs pas. Pour toute réponse, leur chef, lui brandissant sa hache sur la tête, voulut l'obliger de lui donner de l'eau-de-vie, que les sauvages nomment de *l'eau de feu* ou le *lait des Français*. Sans paraître le moindrement ému, Bossu répliqua avec tant de sang-froid, de courage et d'adresse, que, non-seulement il repoussa impunément les audacieuses prétentions de ces furieux, mais qu'il parvint encore à les faire rentrer dans le devoir. « Ces peuples, » c'est le voyageur qui parle, « furent surpris de ma fermeté ; ils dirent » que j'étais *un homme de valeur*, que je leur faisais revenir » l'esprit qu'ils avaient perdu, en formant le détestable des- » sein de quitter la main de leur père, mais qu'ils espéraient » que j'oublierais le passé, parce que j'étais bon. »

Pour donner plus de solennité au renouvellement de notre alliance avec les Chactas, Bossu alluma mystérieusement le calumet de paix avec du phosphore sous le nom de feu nouveau, procédé qui sembla presqu'aussi prestigieux à quelques Français qui étaient présents qu'aux naïfs Indiens eux-mêmes.

Cette dernière circonstance rappellera peut-être à ceux qui ont lu l'*Histoire de la Louisiane*, de Lepage-Dupratz, de quel étonnement mêlé d'admiration fut frappé le *Grand-Soleil*, chef suprême des Natchez, et avec lui ceux de sa nation, à la vue du *feu nouveau*, c'est l'expression consacrée, que Lepage, à l'aide d'un verre convexe, fit descendre solennellement du soleil (1). Les naturels durent convoiter le merveilleux instrument avec d'autant plus d'ardeur, que par son moyen, et sans recourir à une source profane, ils pourraient à l'avenir entretenir la flamme sacrée qui, semblable à celle de Vesta, brûlait perpétuellement dans leur temple, et dont l'extinction, comme chez les Romains, eût présagé de grands malheurs publics.

Les Chactas, d'après notre voyageur, sont une des nations les plus populeuses du nord de l'Amérique; leur caractère est un composé de sang-froid, de patience, de ruse et en même temps de bravoure. Ils nous secondèrent vaillamment dans la vengeance que nous tirâmes des Natchez. Lorsqu'ils vont en guerre, leur manitou, porté par le cacique, marche toujours à la tête des combattants. Tant que dure l'expédition, le chef est exactement obéi; dès que la paix est rétablie, on n'a de respect pour lui qu'autant qu'il est prodigue de ce qu'il possède. Le butin, fruit de la victoire, se partage également entre les guerriers survivants et les familles des morts. Si le chef d'un parti éprouve un échec, il descend au rang de simple guerrier; cependant, s'il a ménagé le sang des siens, il a pu lâcher pied sans honte. Un général, qui aurait vaincu au prix du sang d'un grand nombre de ses frères d'armes, serait mal

(1) Ouvrage cité, tome II, chap. 25.

reçu de la nation. Aussi n'attaquent-ils que lorsqu'ils sont sûrs de vaincre.

Celui qui a enlevé la chevelure d'un ennemi la porte en triomphe et s'en fait piquer l'image sur le corps; il prend le deuil du vaincu et, pendant une lune, il ne peut se peigner, usage qui sympathise merveilleusement avec la malpropreté habituelle de ce peuple.

Leurs sentiments de famille éclatent surtout dans leur piété envers les morts : dès qu'un Chactas a expiré, on expose le cadavre dans une bière d'écorce de sapin élevée sur quatre fourches, à quinze pieds de terre ou à peu près. Quand les chairs sont consumées, la famille s'assemble, le désosseur vient, détache les parties molles qui peuvent être restées, puis, après avoir vermillonné la tête, dépose les os dans un coffre; ensuite les reliques du défunt sont portées dans un cimetière commun où gisent celles des ancêtres. Toutes ces cérémonies s'accomplissent au milieu d'un morne silence; le tout est terminé par un banquet, et chacun se retire en pleurant. Dans les premiers jours de novembre, on célèbre la fête commémorative des morts : chaque famille se rassemble au champ de sépulture, et y visite, en versant des larmes, les coffres des parents, et, encore ici, un festin clôt la cérémonie.

Ces Indiens ont une grande vénération pour leurs devins ou médecins, ce qui n'empêche pas, si le malade vient à mourir, qu'ils ne les tuent selon leur bon plaisir. Notre voyageur sauva la vie à l'un de ces malheureux. Témoin, dans les possessions anglaises, des succès de l'inoculation de la petite vérole, celui-ci imagina d'importer cette pratique chez les indigènes. Le malheur voulut que les premiers sujets qu'il opéra moururent ou restèrent estropiés, ce qu'explique du reste l'inexpérience de l'Esculape, et mieux encore le genre de vie de ses compatriotes. La nation assemblée décida unanimement qu'après avoir été assommé par les mains de l'un des indigènes que son art diabolique avait privé d'un œil, le misérable jongleur serait brûlé *avec toute sa médecine.* L'arrêt allait recevoir son exécution, quand Bossu intervint et fit si bien par ses paroles, appuyées d'une large distribution d'eau-de-vie, plus persuasive, sans doute, que tous ses arguments, que la peine capitale fut commuée en celle d'un exil à perpétuité ; du reste, ces médecins indiens sont en possession de quelques recettes précieuses, mais nous ne saurions admettre, avec M. de Châteaubriant, qu'abstraction faite de leurs ridicules jongleries, ces hommes *connaîtraient tout ce qu'il y a d'essentiel dans l'art de guérir,* et qu'on pourrait même dire que cet art est aussi avancé chez eux que chez les peuples civilisés (1).

Quand des femmes des Chactas sont enceintes, leurs maris s'abstiennent de sel et ne mangent point de chair de porc, dans la persuasion que ces aliments pourraient faire tort à leurs enfants ; croyance absurde assurément, mais, après tout, l'est-elle beaucoup plus que tant de sots préjugés admis chez nous comme monnaie courante, et que le bénéfice des siècles n'a pas faits plus respectables? J'en appelle aux deux in-8° de M. Jacques-Barthélemi Salgues, qui, cependant, n'a pas épuisé son sujet (2).

Les vrais sauvages se considèrent comme d'une nature supérieure à leurs femmes. Ces dernières ont plein pouvoir sur leurs filles, mais si une mère s'avisait de frapper son fils, elle serait frappée à son tour ; son petit garçon lui a-t-il manqué, elle porte cet enfant à un vieux sachem qui le réprimande, puis lui jette de l'eau fraîche sur le corps.

Le même vieillard, haut justicier de la tribu, condamne l'épouse adultère *à passer par la prairie,* c'est-à-dire (étrange procédé de moralisation, même chez des sauvages !) qu'il la livre aux instincts brutaux de tous les hommes de la bourgade, jeunes et vieux, et, chose plus étrange encore, il arrive souvent que, malgré une telle infamie, il se trouve un lâche qui l'adopte pour sa compagne, persuadé, sans doute, que le châtiment l'aura rendue plus sage.

(1) *Voyage en Amérique.*
(2) *Des Erreurs et des Préjugés répandus dans la Société.*

Un mot sur les belliqueux Tchikachas, nation située aussi sur la rive droite du Mississipi, entre la tribu des Illinois et celle des Chactas. Moins nombreux que ceux-ci, leur intrépidité les rend plus redoutables encore. Ces peuples sont d'une haute stature, bien proportionnés dans leur taille, robustes et excellents cavaliers. Livrés sans réserve aux exercices de la chasse ou de la guerre, le soin de la culture des terres est confié exclusivement au sexe le plus faible.

Ils ont résisté avec une bravoure sans égale, tant aux peuplades voisines qu'aux efforts des Européens qui, à plusieurs reprises, tentèrent la conquête de leurs possessions héréditaires. Leur pays est réputé le plus beau et le plus fertile du continent.

Comme cette nation avait donné asile aux Natchez, après le massacre des Français, ceux-ci armèrent contre elle et l'attaquèrent avec toutes les forces de la colonie, mais sans aucun succès. Cette expédition et quelques autres qui suivirent nous coûtèrent un grand nombre de braves, tant officiers que simples soldats. On cite notamment une affaire où le chef d'un détachement, M. Dartaguette, fut pris avec 7 officiers et 26 soldats ou habitants de la colonie. Ces malheureux furent brûlés vifs par les barbares, et avec eux le P. Senat, jésuite. Mieux avisés que nous, les Anglais, qui s'entendent si bien à coudre la peau du renard à celle du lion, n'avaient rien négligé pour s'attacher ces vaillants guerriers, qui restèrent jusqu'à la fin leurs plus fidèles alliés, en d'autres termes, nos plus implacables ennemis.

De retour à la Mobile, à la suite de l'importante et pénible mission qu'il venait de remplir et dont il s'acquitta avec honneur, de l'aveu même de M. de Kerlerec, notre voyageur, en attendant son rappel à la Nouvelle-Orléans, visita les petites îles situées sur les côtes de la Louisiane.

Il nous fait assister à la mort tragique du sieur Duroux, commandant de l'île aux Chats, qui fut massacré par ses propres soldats, en représailles des injustices et des cruautés que ce tyran subalterne, créature du gouverneur, exerçait envers eux. Les supplices infligés aux auteurs vrais ou supposés du crime ressemblèrent, par leur atrocité, à un passe-temps de cannibales plutôt qu'à une expiation judiciaire.

A son arrivée à la Nouvelle-Orléans, Bossu trouva cette capitale en combustion; la discorde avait éclaté entre le gouverneur général et les officiers; les faveurs allaient aux moins dignes, tandis que les plus fidèles sujets n'obtenaient, pour prix de leur zèle, que disgrâces et persécutions. Au nombre de ces derniers se trouvait l'infortuné M. de Belle-Isle, dont la captivité pendant plus de deux ans chez les sauvages Attakapas, ou mangeurs d'hommes, a fourni à notre voyageur le sujet de l'un des plus curieux épisodes de sa relation.

Enfin, révolté des abus d'autorité et des malversations sans nombre qui se commettaient sous ses yeux; abreuvé de dégoût parce qu'il s'était raidi contre le torrent; plus pauvre en quittant la colonie qu'il ne l'était lorsqu'il y débarqua pour la première fois; d'ailleurs plein de confiance dans la justice du gouvernement, Bossu demanda et obtint son rappel en France.

Son retour en Europe sur un vaisseau marchand fut marqué par de nombreuses péripéties au milieu desquelles les bornes que nous avons assignées à cet opuscule ne nous permettent pas de le suivre.

Fort du témoignage de sa conscience, notre compatriote était loin de prevoir qu'en revoyant le ciel de la patrie les portes de la Bastille dussent aussitôt s'ouvrir devant lui. Il supporta ce revers, dit son éditeur, avec la constance et la fermeté qui accompagnent d'ordinaire l'innocence. Sa captivité fut courte. Le roi s'étant fait rendre compte en conseil privé des affaires de la Louisiane, sur la rapport de M. Lenoir, les calomniateurs furent confondus et l'officier obtint une justice éclatante. S. M., satisfaite de sa conduite, chargea le ministre de la marine de lui expédier le brevet de capitaine, en y ajoutant une gratification extraordinaire et la promesse de la croix de Saint-Louis à la première promotion. Ceci se passait en 1762.

En s'éloignant de la Nouvelle-Orléans, Bossu avait laissé ses effets entre des mains étrangères; surpris de n'en point recevoir de nouvelles, d'ailleurs libre de sa personne, puisque le régiment dont il faisait partie avait été réformé par suite des événements que nous rappellerons tout-à-l'heure, il se détermina à repasser à la Louisiane et obtint même son passage aux frais du roi jusqu'à Saint-Domingue. A la fin de mai 1770, il mettait pied à terre à la Nouvelle-Orléans.

Cette capitale était encore sous la douloureuse impression des événements tragiques dont elle avait été le théâtre le 27 septembre précédent.

A la suite d'une guerre désastreuse, Louis XV dut fléchir sous la main de la nécessité et abandonner à l'Espagne la Nouvelle-Orléans et tout le pays qui s'étend sur la rive droite du Mississipi; cession qui, pour le dire en passant, a fourni au fougueux Raynal le texte de l'une de ses plus violentes déclamations contre les rois, sans épargner le clergé qui, certes, ne s'attendait guère à se trouver dans cette affaire (1).

La prise de possession de la colonie n'eut lieu qu'en 1769. Le procureur général de la Frénière, le chevalier de Noyant, neveu de M. de Bienville, fondateurs de la Nouvelle-Orléans; d'anciens capitaines chevaliers de Saint-Louis, des négociants, des avocats, qui, ainsi que tous les habitants de la colonie, n'acceptaient qu'avec regret le joug de l'Espagne, ayant fait quelques représentations sur les formalités qu'il convenait d'observer, le commandant envoyé d'Espagne, trois jours après son arrivée, les invita courtoisement à dîner. On leur fit leur procès au sortir de table; les malheureux furent condamnés à la corde, et, par grâce, dit Voltaire (2), on les arquebusa. Le chevalier de Noyant laissa une veuve de seize ans. Le chef

(1) *Histoire politique et philosophique*, tome II, chap. 16.

(2) *Précis du siècle de Louis XV*, chap. 35.

militaire qui fit cette étrange exécution était ce même comte O'Reilly, aventurier irlandais que la cour de Madrid nomma, en 1794, au commandement de son armée des Pyrénées-Orientales ; mais une mort inopinée frustra presque aussitôt ce bourreau titré d'une nouvelle occasion de verser le sang français.

L'ancien hôte des Akançás voulut revoir ces bons sauvages qu'il nommait ses enfants. Au huitième jour de leur navigation, les voyageurs ayant cabanné à l'entrée de la rivière Rouge, affluent du Mississipi, il arriva que, pendant la nuit, toutes leurs provisions de bouche disparurent ; un de ces crocodiles qui infestaient alors toutes les rivières de la Louisiane avait eu l'instinct de les faire tomber de la pirogue qui les contenait. Du reste, tant les voies de la Providence sont mystérieuses, ce petit malheur, qui contrista quelque peu nos marins, devint bientôt le principe de leur salut.

On fut obligé de louer deux indigènes Touicas, pour suppléer par leur chasse à la perte qu'on venait d'essuyer. Un matin, en remontant le grand fleuve, on aperçut sur la rive opposée, et à cent pas environ d'un épais fourré, des chevreuils bondissants, des ours, des bisons, des vaches sauvages, des veaux qui semblaient téter leurs mères. Quel attrayant spectacle pour des hommes affamés, et quelles exclamations de joie !

Jusqu'alors les deux sauvages avaient gardé un sérieux imperturbable, quand tout-à-coup ils partirent d'un éclat de rire. On leur en demanda la cause. Ils répondirent que les imprudents voyageurs allaient tomber tête baissée dans un piége que leur avaient tendu les Tchikachas, peuplade ennemie ; que ces prétendus troupeaux étaient des hommes revêtus de peaux de bêtes pour attirer les étrangers dans le bois et les scalper ou les faire prisonniers ; que, si on ne voulait être bientôt accablé sous une grêle de flèches, il fallait sans délai faire force de rames.

On se ferait difficilement une idée de l'ivresse de bonheur qui s'empara des Akanças à la nouvelle du retour de leur ancien hôte. Toute la population, femmes, enfants, vieillards, guerriers, chantant, le chichicone [1] à la main, accourut à à son débarquement. On lui présenta le calumet de paix, il fut porté au bain, ensuite on le conduisit dans la grande cabane du conseil, où un siége distingué avait été préparé pour lui; en même temps les provisions de bouche lui affluaient de toutes parts. Pendant son repas, un orateur lui adressa, au nom de tous, un de ces discours, vrai type de langage figuré, toujours naïf et quelquefois sublime, de l'enfance des peuples.

La harangue finie, le cacique et le Démosthènes sauvage vinrent embrasser le nouveau venu en mouillant ses joues de leurs larmes de joie et de tendresse. Il fut convenu que la nuit se passerait en fête, qu'on illuminerait splendidement la bourgade, c'est-à-dire que des pieux de sapins, disposés avec symétrie de distance en distance, seraient allumés en manière de torches; on lui donna solennellement le spectacle d'une grande chasse aux taureaux sauvages, où les naturels déployèrent en son honneur tout ce qu'ils avaient de courage, d'adresse et d'agilité.

Cependant, au milieu de ces élans de la joie universelle, se mêlait chez ces pauvres gens un sentiment de tristesse. « Comment leur père, le roi de France, qu'ils chérissaient tant, avait-il pu céder ses enfants à une autre couronne, eux qui ne lui avaient jamais donné aucun sujet de plainte, tandis qu'au contraire leur sang avait coulé pour notre nation dans la guerre contre les Tchikachas ! Au moins si leur bien-aimé, l'officier français, voulait fixer son séjour au milieu d'eux, fils adoptif de la tribu, chef de guerre, il les conduirait au combat, il choisirait une femme parmi les plus belles filles de leurs caciques! D'ailleurs, leur pays n'était-il pas abondant en gibier, en poissons, et fertile en productions de toutes sortes ! »

[1] Espèces de calebasses remplies de grains dont les sauvages se servaient pour battre la mesure.

Bossu convient que, si cette délicieuse contrée n'eût été cédée à l'Espagne, il eût difficilement résisté à des vœux exprimés d'une manière si touchante. Mais le *dulcis amor patriæ* l'emporta dans son cœur sur toute autre considération.

Pendant son séjour au pays des Akanças, Bossu visita une tribu allibamoue qui s'y était réfugiée, et dont il reçut l'accueil le plus cordial. Cette migration des Allibamous se lie à un fait que ne désavouerait pas la nation la plus héroïque des temps anciens ou modernes. Ce peuple obéissait alors à un chef qui n'avait de sauvage que le nom et que son mérite seul avait appelé au premier rang. Aux plus belles qualités du cœur, telles que la générosité, la reconnaissance, la loyauté, il joignait une bravoure, une rare intelligence, et le don de la parole ; d'autant plus cher aux Français qu'il leur était dévoué de cœur et d'âme, ce qui lui avait valu d'être récompensé d'une médaille d'honneur par la cour de Versailles. Quand il eut appris qu'en vertu du traité de 1762 les Anglais venaient prendre possession de sa terre, il devint furieux. En vain, pour ne pas contrister un ami si fidèle, les Français évacuèrent-ils clandestinement la place. Ce cacique, livré au désespoir et ne pouvant vivre séparé de nous, proposa à ses compatriotes assemblés d'abandonner, pour nous suivre, leur pays natal, l'un des plus beaux du continent américain. Cet avis reçut l'approbation générale, et, en témoignage de l'aversion de tous pour la domination anglaise, il fut décidé que le fort que leur nation avait bâti pour nous serait renversé ; qu'au même instant, les casernes et les cabanes seraient incendiées, les jardins ravagés, et les arbres coupés ou brûlés.

Après cette expédition, Tamathlemingo, ainsi se nommait l'héroïque chef des Allibamous, partit pour la Mobile à la tête de tous ses sujets ; mais, à peine arrivé à sa destination, il fut atteint d'une maladie grave. Déjà affaibli par l'âge, et jugeant dès lors qu'il touchait au dernier acte de sa vie, il demanda à être initié à la médecine des Français, c'est-à-dire, dans le langage de ces peuples, à recevoir le sacrement de baptême.

Ce fut à genoux, soutenu par deux soldats, et avec le sentiment d'une foi vive, qu'il reçut ce sacrement ainsi que le saint viatique. Après la cérémonie, il dit « qu'*il était content de mourir* » *en chrétien, parce qu'il serait au pays des âmes, à côté des* » *Français.* »

Avant d'expirer, il exhorta de nouveau ses sujets à rester inviolablement amis de notre nation et, s'adressant particulièrement à son fils, il lui donna d'admirables instructions sur les devoirs d'un bon chef de tribu.

Cet homme remarquable reçut après sa mort tous les honneurs militaires qu'on rend à un général d'armée.

Enfin, la tribu allibamoue, précédée de son nouveau chef, le jeune Tamathlemingo, se retira sur le sol hospitalier où elle fut visitée par Bossu.

Cette peuplade n'avait pas oublié la merveilleuse résurrection du chat-tigre; notre compatriote était toujours pour elle la perle des jongleurs, le sorcier, le médecin par excellence. Un nouveau prodige, accompli sous leurs yeux, vint encore exalter jusqu'au fanatisme leur admiration pour le magicien étranger et redoubler leur chagrin de ne plus vivre sous notre tutelle.

Un sauvage, dans un état complet d'ivresse, se trouva asphyxié par la vapeur du charbon; le malheureux ne donnait plus aucun signe de vie, chacun le pleurait comme mort, quand Bossu, auquel on avait eu recours, s'étant aperçu que les fonctions du cœur n'étaient pas entièrement abolies, annonça fièrement qu'il allait ressusciter ce mort. Prenant alors une gravité imposante, il fit exposer le patient à l'air libre, et ordonna de jeter quelques calebasses d'eau fraîche sur sa poitrine. Le prétendu mort ne tarda pas à revoir la lumière et, dans l'explosion de sa reconnaissance, il adopta pour père celui qui l'avait rappelé du *pays des âmes.*

Sans affecter la ferveur apostolique d'un missionnaire, le capitaine Bossu ne négligeait aucune occasion d'ouvrir les yeux de ses chers Indiens sur les grossiers maléfices de leurs prêtres. Informé que non loin du lieu de sa résidence existait une fameuse idole qui rendait des oracles, il résolut de se convaincre par ses propres yeux et de confondre l'imposture. En effet, suivi de l'intrépide grenadier *Sans-Peur*, compagnon assidu de ses courses, et de quelques néophytes, demi-chrétiens, demi-payens, il s'achemina vers le lieu de ténèbres, où, étant parvenu, il ne tarda pas à être témoin du prodige. Le hideux manitou, monstre composé d'une effroyable face humaine peinte de rouge et surmontant un corps non moins effroyable, d'où se détachaient des membres d'une difformité fantastique, sembla répondre directement aux diverses questions que lui adressa un prêtre interprète de notre voyageur. L'admiration des Indiens était sans bornes; mais Bossu, ayant exploré avec soin les abords de la caverne, éventa la ruse. Les jongleurs avaient pratiqué dans la roche une fente imperceptible à travers laquelle s'insinuait un roseau dont un bout venait s'ouvrir dans le corps de l'idole, tandis que l'extrémité opposée répondait à un petit réduit obscur, d'où un prêtre aposté, le vrai *deus ex machinâ*, faisait parvenir la réponse aux questions que son complice venait de soumettre à l'affreuse divinité. Le stratagême mis au grand jour, Bossu donna le signal convenu, et *Sans-Peur*, à coups de hache, mit en pièces le manitou dont il brûla les débris. Les nouveaux chrétiens élevèrent à sa place le signe auguste de notre rédemption.

L'effet moral de cet acte de courage, qui porta un coup mortel à l'autorité des jongleurs et provoqua leur indignation, ne fut pas perdu pour l'œuvre des propagateurs de la foi.

Les sauvages traduisent en scènes dramatiques tous les actes de la vie; ainsi ils ont des danses de religion, de médecine, de guerre, de paix, de mariage, de mort, etc. Nous avons déjà mentionné celle du calumet; ils avaient même la danse d'impudicité, dont l'abolition fut un des actes les plus méritoires de nos missionnaires.

Bossu trouva l'occasion d'acquitter sa dette de reconnaissance envers les Akanças. De jeunes étourdis de cette tribu avaient enlevé des femmes de la puissante nation des Cadodaquios. Le crime était flagrant, la vengeance devait être terrible ; déjà des nuages de sang planaient sur les deux peuplades. Le capitaine français se proposa comme médiateur entre les offenseurs et les offensés, offre qui fut avidement accueillie. Muni du calumet de paix aux plumes blanches, accompagné de deux notables Akanças, d'un interprète et de son *fidus Achates*, *Sans-Peur*, le diplomate improvisé alla, sans délai, remplir sa mission. Des présents de tafia et des rouleaux de tabac, préalablement prodigués aux notables de la contrée ennemie, les disposèrent merveilleusement à prêter une oreille favorable aux paroles de conciliation que Bossu leur fit entendre par l'intermédiaire de son interprète. Enfin, grâce à son intervention, le calumet de paix fut échangé, et pour cimenter le traité qui allait rétablir la bonne amitié entre les deux peuplades, l'envoyé des Akanças passa un collier de rassades au cou du cacique.

Toujours entraîné par son désir de connaître les infinies variétés de mœurs que présentent dans leur unité les tribus indigènes de l'Amérique, notre voyageur résolut de visiter la nation des Attakapas. Escorté par quelques hommes de la tribu des Cadodaquios, il traversa le pays des Natchitochès et celui des Cenis, tribus dont le nom seul a survécu, et le quatrième jour, la petite caravane arrivait chez les Attakapas. Ces anciens mangeurs d'hommes, devenus par leur contact avec les Européens les meilleurs gens du monde, accueillirent l'officier et sa suite avec une cordiale hospitalité. Leur région est aussi belle que celle des Akanças.

Chez ces sauvages, comme dans tout le nord de l'Amérique, la dignité de cacique n'est point héréditaire ; elle est le prix de la vertu, de l'expérience, de la valeur. Sitôt qu'un chef s'est montré lâche ou injuste, on en proclame un autre. Par une exception d'une grande rareté parmi les sauvages, les Attakapas obéissaient alors aux lois d'une femme. Dans tout l'éclat de la jeunesse, d'une beauté remarquable, douée des plus belles qualités de l'esprit et du cœur, cette femme, que ses sujets avaient surnommée l'*Héroïne* et qu'ils vénéraient à l'égal d'une divinité, tenait les rênes de son petit État avec autant de sagesse et de fermeté qu'eût pu le faire un prince habile. Dans la crainte de partager son autorité, elle avait renoncé au mariage, sans toutefois en avoir abjuré toutes les conséquences. Ainsi, cette belle reine du désert tenait à sa disposition un jeune esclave auquel elle donnait un successeur quand le premier avait cessé de plaire, mais jamais plus d'un à la fois, ce qui, dans l'opinion de son peuple, était le comble de la chasteté. L'observateur entre dans les plus curieux détails sur les mœurs et les coutumes des Attakapas; il pénètre dans leurs cases, et nous initie à une foule de particularités de leur vie intime.

La polygamie est admise parmi eux; beaucoup de ces Indiens ont deux femmes, et cependant la paix règne dans leur ménage. *Je conviens,* ajoute peu galamment notre marin, *que ce sont des sauvagesses.*

L'adultère, chez cette nation, n'admet pas de grâce. Les deux coupables pris en flagrant délit sont irrémissiblement condamnés à mort, si toutefois ils ne trouvent le moyen de racheter leur vie par une forte amende.

Le zèle de Bossu s'exerçait sur tout ce qui se rattache aux progrès de la civilisation et au bien-être de l'humanité. S'il avait contribué par son exemple et sa parole à la propagation chrétienne parmi les Illinois, ici il n'obtint pas le même succès. *Si Dieu est tout-puissant,* disaient les Attakapas, *il n'a que faire de nous et de nos prières; s'il avait voulu nous appeler depuis que le monde existe, il n'aurait pas attendu jusqu'à ce temps.* Ces pauvres gens regardaient cet argument, d'ailleurs aussi vieux que le monde, comme sans réplique.

Ce peuple était voisin d'une nation que les Espagnols nommaient *Indios bravos*, parce qu'ils n'avaient jamais pu la réduire.

Cette singulière tribu, dont les ancêtres avaient leurs dieux, leurs prêtres, leurs rites sacrés, au temps de Bossu, n'admettait d'autre pratique religieuse que celle d'immoler annuellement et à jour fixe, en l'honneur du Grand-Esprit, un esclave captif auquel, dans le cours de l'année, on avait prodigué tous les hommages qu'on rend à une divinité, et qui, sous la garde des lévites, ne marchait qu'environné d'un pompeux cortége.

Les *Indios bravos* se gouvernaient à peu près en républicains, c'est-à-dire que leur sauvage indépendance ne fléchissait devant aucun pouvoir public; seulement, quand on allait en guerre, ils proclamaient pour chef celui qui avait enlevé le plus de chevelures aux ennemis. Mais l'autorité de ce chef temporaire expirait le jour même où l'on déposait les armes.

Leur système de stratégie les rendait invincibles; au moment de l'action, les combattants se dérobaient subitement aux regards et, quand on les croyait bien loin, ils reparaissaient et chargeaient impétueusement l'ennemi. Ces guerriers fuyaient, à la manière des Parthes, c'est-à-dire qu'ils décochaient leurs flèches aussi sûrement que s'ils eussent fait face à leurs adversaires. Enfin ces hommes, jusqu'alors indomptables, tournèrent leur bravoure sacrilége contre eux-mêmes, et, victimes de la plus hideuse anarchie, la peuplade tout entière se trouva réduite à une poignée de guerriers.

Au retour de Bossu chez les Akanças, un soldat de sa suite fut tué par un naturel dont on ignorait le nom et même la tribu. Une enquête n'eût rien révélé; mais l'homme aux expédients, le soldat *Sans-Peur* était là. Par une nuit très-obscure, il imagina de se porter sur une hauteur, et de là, à l'aide d'un porte-voix qu'il avait fabriqué clandestinement, de faire entendre, d'une voix formidable, des paroles barbares et inconnues des Indiens. Toute la population, saisie de terreur, recourut à l'officier français, réclamant de lui l'interprétation de ce prodige. Ce dernier répondit que c'était l'esprit de son soldat qui demandait vengeance; que, s'il ne l'obtenait sans retard, de grandes calamités allaient fondre sur le pays. On doit bien penser que le meurtrier ne tarda pas à être connu.

Remis aux mains de l'offensé, celui-ci usa de clémence, attendu que le soldat avait lui-même provoqué son malheur en cherchant à enivrer le sauvage avec de l'eau-de-vie, dans l'intention d'abuser de sa femme.

Après une station de huit mois chez ses bons Akanças, Bossu se mit en devoir de rentrer en France. S'il éprouva de vifs regrets de se séparer de ses hôtes, ceux-ci, de leur côté, donnèrent, dans l'instant suprême, les marques du plus violent désespoir; toutes leurs expressions étaient celles de la douleur, et leurs larmes coulaient en abondance. Ils vinrent en foule accompagner leur ami jusque sur les bords du Missisipi, où ils demeurèrent levant les mains vers le ciel et poussant de grands cris, jusqu'à ce que le fatal bateau eût disparu à leurs regards.

Le médecin ou jongleur que notre compatriote était parvenu à soustraire au bûcher des Allibamous avait conçu le hardi projet de passer la mer avec son libérateur, *pour aller*, disait-il, *voir le grand village des Français*, ajoutant *qu'il brûlait du désir de connaître son père, le roi de France.* En effet, il se trouva à la Nouvelle-Orléans à l'instant où on mettait à la voile, mais à peine fut-il embarqué, qu'effrayé par le mouvement du navire, il demanda à descendre à terre, disant qu'il avait peur de perdre l'esprit dans la *cabane volante*. Ce sauvage colora sa poltronnerie par un discours remarquable de bon sens et de verve sur les ennuis et les dangers d'une longue navigation, auprès de la sécurité du foyer domestique et des charmes de ses libres déserts.

Enfin, au mois d'août 1771, notre brave officier saluait, pour ne plus s'en éloigner, le sol natal. Il se retira au sein de sa famille, à Aisey-le-Duc, beau village compris aujourd'hui dans l'arrondissement de Châtillon-sur-Seine, où, selon Courtépée, il résidait encore en 1784. Le parfait désintéressement qu'il professa dans tout le cours de sa vie militaire, la perte qu'il essuya dans son naufrage sur le Mississipi, celle bien plus regrettable encore que lui fit éprouver un faux ami auquel il avait confié le soin de ses intérêts dans les colonies, ne lui laissèrent, ou à peu près, d'autres moyens d'existence que sa modeste pension de retraite, et cependant, m'a-t-on assuré, dans son étroite fortune, cet homme de bien trouvait encore le secret de venir en aide à de moins heureux que lui. Ses loisirs furent souvent consacrés à élaborer des projets d'utilité publique plus ou moins praticables, mais dont il trouvait toujours l'inspiration dans son cœur. Ainsi, touché de l'état de détresse où languissaient quelques-uns de ses anciens frères d'armes, vieux marins comme lui, il soumit, en 1772, à M. de Boynes, alors ministre de la marine, le projet de fondation d'un hôtel des invalides de la marine, indiquant pour cette destination le château de Chambord, que son éloignement de la capitale rendait, selon lui, inutile, ou même à charge au gouvernement. La proposition fut agréée, mais les circonstances n'en permirent pas l'adoption.

Quand éclata l'inévitable mouvement de 1789, prélude de si grandes calamités, Bossu, nous ignorons par quel motif, avait déjà transporté son domicile à Auxerre. Ce fut dans le trajet de cette ville à Aisey-le-Duc, où il se rendait, qu'étant de passage à Montbard, il fut frappé d'une maladie dont il portait le germe depuis longtemps, et qui l'enleva en quelques heures, le 4 mai 1792, sans un parent, sans un ami pour lui fermer les yeux; il n'avait jamais été marié. Bossu fut inhumé non loin de Buffon, avec les honneurs militaires dus à son grade.

On a de ce voyageur : 1° *Nouveaux Voyages aux Indes occidentales, contenant une relation des différents peuples qui habitent les environs du grand fleuve Saint-Louis, appelé vulgairement le Mississipi, leur religion, leur gouvernement, leurs mœurs, leurs guerres et leur commerce*. Paris, 1768; 2 vol. in-12.

C'est un recueil de lettres adressées au marquis de Lestrade de la Cousse, au château de Boux, canton de Flavigny.

Une traduction anglaise de cette relation a été publiée à Londres, en 1771, par Forster, avec beaucoup de notes. Le traducteur y a ajouté une Flore de l'Amérique septentrionale et une analyse des voyages de Lœfling. 2 vol. in-8°.

2° *Nouveaux Voyages dans l'Amérique septentrionale*, contenant une collection de lettres écrites sur les lieux à son ami Douin. Amsterdam. (Paris) 1772 ; in-8°.

Ces derniers voyages sont rares, parce qu'ils n'ont pas été imprimés comme les précédents.

Non content de nous présenter l'image fidèle et variée des tribus sauvages alors errantes dans la riche vallée du Missisipi, et de fournir d'utiles renseignements sur l'histoire naturelle, alors si peu connue, de la Louisiane, l'auteur enrichit sa correspondance d'intéressants récits. Telle elle la relation, déjà citée, de la captivité de M. de Belle-Isle chez les anthropophages, celle plus touchante encore de la famille Dunoyer, et l'épisode si dramatique d'un éloquent et stoïque vieillard de la nation des Colapissas, qui fit accepter sa tête en échange de celle de son fils, coupable, par amour pour les Français, du meurtre d'un Chactas.

Terminons cette notice, en transcrivant textuellement l'opinion d'un habile critique de l'époque, sur le premier voyage de Bossu, et qui peut s'entendre aussi de sa seconde publication : « En général, dit Fréron (1), ces voyages sont l'ouvrage d'un » officier instruit qui avait beaucoup de zèle et qui a su ob- » server. Son style est simple et quelquefois négligé, mais il » porte partout le caractère de la vérité ; c'est celui d'un mili- » taire plus occupé des choses que de l'expression, on voit » qu'on peut compter sur cette relation..... On y reconnaît » l'homme d'esprit et le bon citoyen. »

Ajoutons à ces paroles du judicieux critique, que notre compatriote, en face du dévergondage philosophique de quel-

(1) *Année littéraire*, 1763, tome 5.

ques auteurs du temps, n'oublie jamais ce qu'un écrivain qui se respecte lui-même doit à la religion, à la hiérarchie sociale et à l'honnêteté publique.

Aujourd'hui que l'Amérique a été radicalement transformée par une civilisation précoce, qu'elle a échangé sa sauvage majesté contre les trésors de l'agriculture et les merveilles de l'industrie, on se demandera peut-être, comme complément de cette notice, que sont devenues les innombrables tribus indigènes qui foulaient d'un pied libre ses solitudes sans limites (1).

Les unes, telles que les Touicas, les Natchitochez, les Attakapas, décimées par les maladies qui leur ont été apportées d'Europe, et abrutis par l'abus des liqueurs spiritueuses, sont réduites à quelques familles; d'autres, comme les Illinois, conquises à la foi chrétienne, dont lenr simplicité défigure trop souvent les croyances, mènent une vie heureuse sur leurs domaines héréditaires.

Les Outougamis, les Tchicachas, de même que beaucoup d'autres naturels, privés du produit de leur chasse par la destruction ou plutôt par la désertion du gibier, sont devenus des peuples agricoles et industriels. Les Akançàs et les Allibamous, en grande voie de civilisation, vivent pacifiquement sous la protection des Etats-Unis, auxquels ils ont vendu leur territoire.

Enfin, il est d'autres indigènes, débris et rebut de nations plus ou moins importantes, sauvages entre les sauvages, qui, rebelles à tous sentiments moraux et religieux, livrés aux instincts les plus grossiers, ne vivant que de rapines ou du produit de leur chasse, errent sans frein ni loi dans les prairies de l'ouest. On les voit souvent, dit M. Marmier, attirés par l'espoir du pillage, rôder autour des frontières de l'Union, qu'ils inquiètent. On assure qu'ils ont déjà commis plus d'un

(1) Voyez Châteaubriant, ouvrage déjà cité, et M. Marmier, *Lettres sur l'Amérique septentrionale*. Paris, 1851. 2 vol. in-12.

assassinat sur des mineurs californiens isolés. Les temps ne sont peut-être pas éloignés où le sol américain sera purgé de cette détestable population.

FIN.

Cet ouvrage n'a été imprimé qu'à 150 exemplaires.

Imp. de F. Lebeuf, à Châtillon-sur-Seine.

www.ingramcontent.com/pod-product-compliance
Ingram Content Group UK Ltd.
Pitfield, Milton Keynes, MK11 3LW, UK
UKHW022136260726
13993UKWH00003B/1468